MANIFESTE DU PARTI COMMUNISTE

KARL MARX
FRIEDRICH ENGELS

Manifeste du Parti communiste (1848)

Critique du programme de Gotha (1875)

TRADUCTION DE CORINNE LYOTARD
INTRODUCTION, NOTES ET COMMENTAIRES
DE FRANÇOIS CHÂTELET

LE LIVRE DE POCHE

INTRODUCTION*

Pourquoi publier — dans une nouvelle traduction
française — deux textes célèbres qui furent écrits,
l'un il y a cent vingt-cinq ans, l'autre il y a presque
un siècle, et qui ont déjà paru dans notre langue
sous diverses versions? La raison en est qu'il est
utile de présenter à nouveau au public deux écrits
militants qui sont à l'origine d'un mouvement
d'idées et d'actions politiques qui constituent aujourd'hui une des forces principales de notre
monde : *le marxisme*.

Il y a quelque vingt années, il était de bon ton de
proclamer que « le marxisme était dépassé », que la
critique économique qu'il avait développée était désormais inopérante, que son analyse sociologique ne
correspondait plus aux sociétés actuelles, que ses
principes politiques avaient dû avouer, sous les durs
coups de la réalité historique, leur carence; bref,
qu'il n'était plus qu'une étiquette apposée sur des
bocaux soit vides soit contenant des confitures tout
à fait différentes. Du coup, s'est affirmée la
« marxologie », science académique des textes de
Marx, de Engels et de leurs successeurs : ainsi, le

---

* Voir les notes en fin de volume.

marxisme rejoignait dans les musées de la culture
universelle le thomisme, le cartésianisme, le kan-
tisme... Il devenait une doctrine parmi les autres,
bien située, bien datée.

Il faut s'y résoudre : pour « dépassé » qu'il soit
dans la tête de ceux qui ne l'entendent point, le
marxisme demeure la référence décisive dont se réclament deux des plus puissants États, aujourd'hui;
il inspire les luttes de nombreuses couches sociales
— ouvrières, agricoles, intellectuelles — des pays in-
dustrialisés; il mobilise les espoirs et les actions de
nations qui combattent pour conquérir ou reconquérir leur indépendance; par ce fait même — et
quand il n'entraînerait pas une adhésion philosophique (en raison, par exemple, de son matérialisme) —, il exerce une réelle fascination pour tous
ceux qui s'efforcent de s'y retrouver, de prendre
parti dans le monde contemporain. Est remarquable
à cet égard l'attitude de Jean-Paul Sartre, qui, dans
ses livres, ne se donne jamais comme un philosophe
marxiste, mais qui, parce qu'il a un sens aigu de
notre réalité, ne cesse de s'interroger sur le
marxisme et d'approfondir les concepts et les pratiques que celui-ci a mis en œuvre.

La première fois que j'ai lu le mot *marxiste,* j'avais
douze ans. 1937; c'était à la « une » d'un quotidien
(de « droite », si je me souviens bien), qui titrait
sur un épisode de la guerre d'Espagne. Il y était
question d'un succès ou d'un revers des « troupes
marxistes ». J'ai posé des questions : je comprenais
ce que voulait dire : France, Espagne, Normandie,
Provence... Je me demandais, je demandais qu'on
m'explique où était la Marxie. Je n'ai obtenu que

des .réponses confuses, qui me renvoyaient, en fin de compte, à un « plus tard » où je serais en état de comprendre (comme pour les interrogations que je suscitais quant à la sexualité).

Certes, les choses ont bien changé — heureusement. Les lycéens de cinquième sont mieux renseignés. Cependant, il faut y revenir constamment, les informations manquent; elles n'ont souvent de signification que ponctuelle. On déteste, on adhère; les mouvements du cœur ne sont suivis d'engagements réalistes que s'ils se nourrissent à des connaissances : notre culture nous a ainsi faits.

C'est pourquoi Corinne Lyotard et moi-même avons pensé que, concernant cette connaissance du marxisme, il était bon que soit re-présenté conjointement, aujourd'hui, ces deux textes, qu'un quart de siècle d'activités fiévreuses et de recherches, pour Marx et Engels, sépare, ponctué par de graves événements politiques. Le premier, *Le Manifeste du Parti communiste,* marque l'entrée du matérialisme historique sur la scène politique européenne, en 1848; le second, en 1875, signale à la fois l'échec de la première *Association internationale des travailleurs* — après la défaite de la Commune de Paris — et les principes de réorganisation d'un mouvement révolutionnaire efficace.

L'important est qu'on lise ces textes; qu'on les entende dans leur contexte, c'est-à-dire en fonction des combats réels qu'ils expriment et sur lesquels ils prennent position; et que, du coup, on se demande ce qu'ils nous apportent aujourd'hui. Il importe d'être attentif et de juger sur pièce. Cette présentation n'a d'autre but que de rappeler au lecteur que

— peut-être —, c'est de lui qu'il est question, de sa place dans la société, de ses désirs, de ses rêves, de ses amitiés et de ses haines, quel que soit le décalage historique. L'un et l'autre sont des écrits combattants; comme tels, ils ont, paradoxalement, de conserver une actualité meilleure que celle des œuvres doctrinales.

Quant à l'idée d'une traduction nouvelle, elle correspond simplement au fait important qu'il s'agit, à chaque époque, de faire revivre l'*écrit,* inscrire sa trace passée dans les traces nouvelles qui se sont constituées...

I — LE « MANIFESTE DU PARTI COMMUNISTE »

Ce texte est une *résultante :* cela ne veut nullement dire qu'il soit un compromis. Il compose des forces historiques réelles à une époque où l'idéologie anti-bourgeoise ne s'est pas encore sclérosée en principes abstraits et en pratiques bureaucratiques afin de dégager les concepts d'une action révolutionnaire. Il s'institue, d'entrée de jeu, comme *Manifeste :* ce qui veut dire qu'il n'est ni un catéchisme — expression simplifiée d'un système de croyances (genre de rhétorique politique fort à la mode alors) —, ni un programme — tout programme « communiste » étant, dans les circonstances données, nécessairement utopique —, mais l'expression d'un *réseau de forces.*

Je reviendrai sur les conditions historiques de son élaboration. L'important est qu'on sache bien, dès maintenant, que, pour comprendre sa puissance, il faut fuir, comme source de mauvaise évaluation, toute recherche de paternité (Marx, Engels, l'un sans l'autre?), toute analyse de sources et de filiations, tout découpage qui attribuerait à l'influence de tel ou tel courant contestataire la rédaction de tel ou tel paragraphe. Marx et Engels, dûment mandatés par leurs compagnons de lutte, construisent un écrit qui rend *manifeste* le sens des combats entrepris dans les pays d'Europe occidentale contre l'ordre capitaliste triomphant. Depuis lors, la situation historique s'est modifiée : le capitalisme a changé des structures et, avec lui, les classes ouvrières. Les combats demeurent : ni la paix sociale ni la paix mondiale, promises par l'industrie, n'ont été instaurées; d'autres formes d'oppression se sont révélées : à la police et à l'armée se sont ajoutés la bureaucratie et les poids des « choses » produites par l'industrie précisément : la ville, les dépôts d'ordures, les autoroutes...; d'autres types de luttes sont apparus; des guerres des peuples pour leur indépendance nationale aux actions pour la libération de la vie quotidienne. Cependant, le *sens* manifesté par Marx et Engels reste le même. Ce que le texte de 1848 montre d'abord, c'est que la pensée et l'activité politiques n'ont pas à inventer des modèles, des schémas abstraits, mais à exprimer clairement la signification de combats réels.

LES CIRCONSTANCES

Le *Manifeste du Parti communiste* rend publics les principes d'une organisation qui s'est constituée, à

Londres, au début du mois de juin 1847, la *Ligue des communistes*. Celle-ci, qui regroupe, non sans confusion, des militants anglais déçus par la lutte syndicale légaliste (le *trade-unionism*), des socialistes français, inspirés par les idées communistes de Cabet, et des révolutionnaires allemands exilés, tient son congrès durant le mois de décembre de la même année. L'assemblée confie à Marx et à Engels le soin de rédiger un texte fondateur, qui constituerait la charte du socialisme politique — contre les abstractions et les faux-semblants du « socialisme vrai » et les rêveries construites autour du « modèle communiste », et qui tienne compte des opinions diverses exprimées au cours des deux congrès.

Les deux rédacteurs réalisent à merveille cette tâche : en apparence, ils n'introduisent que leur marque stylistique; en réalité, de par le plan qu'ils adoptent et l'importance qu'ils confèrent à tel ou tel thème, ils donnent une inflexion décisive au combat pour le socialisme, celui qu'ils appelleront bientôt « scientifique »; moins pour affirmer qu'il appartiendrait à une « physique sociale » que pour souligner précisément son aspect combattant, antimétaphysique, antimoralisant, non utopique.

Pour le mieux comprendre, il faut revenir sur les conditions dans lesquelles s'est fondée la *Ligue des communistes*. En 1836, se constitue la *Ligue des Justes*. Celle-ci regroupe les éléments de diverses associations d'exilés allemands qui avaient tenté de se fédérer, deux ans auparavant, dans la *Ligue des Bannis*. A l'origine, il y a des groupes d'émigrés — journalistes, étudiants, intellectuels, mais aussi artisans démocrates — chassés d'Allemagne par la répression : à

Paris, l'*Association allemande de soutien à la presse libre* et l'*Association patriotique allemande ;* à Londres, la *Société allemande ;* en Suisse, la *Jeune Allemagne...* Paris devient le centre de cette ligue : les objectifs de celle-ci sont vagues; s'y mêlent des revendications nationalistes et républicaines, fondées sur une aspiration à la solidarité universelle. La *Ligue des Justes* transforme cette organisation d'« auto-défense » idéologique en regroupement militant.

Il semble que les travailleurs manuels — artisans et ouvriers — y soient plus nombreux et plus influents; en tout cas, la revendication pour le communisme y est clairement affirmée et le souci d'organiser démocratiquement les membres y est plus poussé (à la base, la *Commune,* qui comporte de cinq à dix membres; la *Région* réunit de cinq à dix Communes; la *Vente* est l'autorité centrale et ses membres sont élus pour un an par les présidents de Région, eux-mêmes désignés par les présidents des Communes*[1]).

L'objectif de la *Ligue des Justes* est beaucoup plus précis et sérieux que celui de la *Ligue des Bannis.* Il désigne clairement le prolétariat non seulement comme évidente et essentielle victime de la croissance capitaliste, mais aussi comme la force qui doit détruire le régime où domine la seule loi du profit. Les conférences qui eurent lieu à Londres et à Paris entre les divers mouvements « communistes » ont permis à la *Ligue* d'éliminer, de 1843 à 1845, deux tendances contradictoires et, l'une et l'autre, abstraites : celle qui, selon l'idéologie de Cabet, propose

* Voir les notes en fin de volume.

un modèle communiste, et celle qui laisse la transformation de la société aux chances d'un coup d'État. S'introduit de ce fait l'idée d'une maturation *politique* de l'action révolutionnaire. L'utopisme et l'aventurisme sont envoyés dos à dos...

Cependant, les limitations de la perspective sont manifestes : même dans ses aspects les plus positifs, l'argumentation reste faible dans la mesure où elle s'inscrit dans le cadre d'une moralisation politique universelle. L'influence de Wilhelm Weitling y est déterminante : ouvrier tailleur, il développe dès 1838, dans de multiples publications, une thématique où domine une sorte de religiosité communiste où la Communauté des Biens apparaît comme une panacée dont doivent nécessairement sortir le bonheur et la vertu pour tous. L'idée centrale est celle d'une société communautaire, qui s'étendrait en vertu de sa puissance propre. Pourchassés par les polices allemande, française et suisse, les *Justes* diffusent des opuscules, créent des sociétés éphémères qui, autour des émigrés allemands, regroupent des ouvriers, des artisans et des intellectuels des grandes villes.

C'est à Londres cependant que se produisent les rencontres décisives. Une certaine liberté est donnée aux organisations ouvrières; quelque réformiste qu'il soit, le mouvement chartiste assure une protection efficace; les luttes pour le socialisme de Robert Owen ont préparé les travailleurs à l'idée d'une mutation radicale et réaliste des conditions de la production; et, surtout, le développement des manufactures a créé les conditions d'une prise de conscience ouvrière. Dans la capitale britannique se retrouve tout ce que l'Europe compte de militants pour une société anticapitaliste, antibourgeoise. La libération des prisons suisses où Weitling avait été incarcéré pour une année, est l'occasion d'un meeting où, en août 1844, se réunissent, sous l'égide de l'ouvrier imprimeur Karl Schapper, les représentants de la *Ligue des Justes,* les disciples de Owen, les socialistes français et, semble-t-il, des chartistes. L'année suivante, une manifestation internationale a lieu pour célébrer la proclamation de la République française en 1792 : la « Fête de la Nation ».

A Londres, à Paris, de multiples associations se constituent qui mettent de plus en plus nettement en question non seulement le réformisme des chartistes, l'utopisme des « communistes », les rêveries des partisans de la réconciliation universelle et les adeptes des sociétés secrètes... L'idée d'une action ouvrière internationale organisée s'enracine.

1844. C'est le moment où s'accomplit la rencontre entre ce mouvement disparate, réaliste et puissant des *Justes* et les recherches des deux jeunes Allemands, Karl Marx et Friedrich Engels qui ont alors, respectivement, vingt-six et vingt-quatre ans. Je reviendrai sur les chemins différents qui ont conduit ces derniers — tous deux philosophes — à rallier le combat révolutionnaire. Il faut remarquer que, dès cette époque, les dirigeants de la *Ligue* commentent les philosophes allemands : non seulement ils recommandent la lecture de Hegel et de Feuerbach, mais ils conseillent aux militants les textes de Marx, de Moses Hess, de Engels parus dans les *Annales franco-allemandes.*

Du coup, s'amorce le déclin de l'idéologie « communautaire » due à W. Weitling. Des contacts s'éta-

blissent entre les dirigeants des *Justes* et la nouvelle
organisation créée par Marx et Engels, dès le début
de l'année 1846, à Bruxelles, le *Comité de correspon-*
dance communiste. Celui-ci a pour objectif « l'abolition de la propriété privée et son remplacement par
la communauté des biens » et pour moyen « la révolution violente et démocratique ». Il vise à fournir
le réseau grâce à quoi les diverses luttes du prolétariat d'Europe occidentale pourront se conjuguer et
faire céder, ici et là, et bientôt partout, la bourgeoisie ; et cela grâce à la communication, aussi rapide
et efficace qu'il est possible, des informations.

Du même coup, Marx et Engels radicalisent l'évolution des *Justes*. La notion de « comités de correspondance » gagne les diverses associations, qui ressentent
durement leur isolement, en dépit des manifestations
qui, quelquefois, les regroupent. L'organisation créée
à Bruxelles devient dominante, non parce que,
comme on l'a dit, elle est purement informative, mais
parce qu'elle vise à définir un programme commun
de lutte. Il apparaît clairement, à cette époque, que
les divers groupes qui ont adhéré à l'idée d'une révolution radicale ont besoin d'une doctrine qui définisse
les conditions historiques de leur action, qui fasse
comprendre aux masses laborieuses quel est leur ennemi véritable et qui détermine les modalités d'une
entreprise décisive.

En novembre 1846, l'Autorité centrale de la *Ligue*
des Justes appelle, de Londres, les « communes » à
se constituer en parti ayant pour objectif la transformation de la société. Le transfert du siège de la *Li-*
gue de Paris à Londres est significatif de la volonté
des dirigeants, majoritaires si l'on considère l'ensem-

ble des « communes », de soustraire l'organisation aux querelles locales opposant les partisans de Weitling aux disciples de Proudhon. La décision est prise de réunir un Congrès préparatoire « à un Congrès général des communistes pour l'année 1848 ». Les négociations avec les Bruxellois, désormais acquis aux idées de Marx et de Engels, sont difficiles. Pour faciliter l'entente, Marx et Engels décident d'entrer à la *Ligue* et transformer leur *Comité de correspondance* en « commune ».

Le 2 juin 1847, se réunit le Congrès préparatoire : de cette rencontre, il nous est resté un rapport essentiellement descriptif, qui fait le point des forces, des réussites et des échecs de l'activité passée de la *Ligue* et de ses alliés, des problèmes d'organisation et de presse. Les « Frères » sont appelés à renforcer leur activité afin d'offrir aux masses populaires les principes et les cadres de leur entreprise d'émancipation universelle. Des projets de statut sont élaborés : ils concernent surtout la question de l'organisation. L'équivocité de la perspective d'ensemble apparaît dès le début du texte : le mot d'ordre inscrit au début est *directement politique* : « Prolétaires de tous les pays, unissez-vous! »; sa formulation seule rejette, du côté du passé ou de l'imaginaire, non seulement les illusions réformistes, mais encore les rêveries de ceux qui attendent du mouvement général de la société que celui-ci résolve les problèmes sociaux — des exhortations de Weitling au modèle naguère proposé par Cabet. Cependant, le ton d'ensemble demeure singulièrement moralisant : témoin, par exemple, la rédaction de l'*article premier* : « La Li-

gue a pour but la suppression de l'esclavage des
hommes par la diffusion de la théorie de la communauté des biens et, dès que possible, par son
introduction dans la pratique »; ou, encore, l'*article 3,* qui définit les conditions individuelles d'adhésion, où il est stipulé qu'il est nécessaire que
tout membre : « a —... se conduise comme un
homme; b — qu'il n'ait jamais commis d'action
déshonorante[2] ».

Cette équivocité se manifeste encore plus clairement dans le *Projet de profession de foi communiste.*
D'une part, en effet, est souligné le rôle du prolétariat comme formation historique produite par le
machinisme et seule capable, par son action, d'imposer la libération universelle (paragraphes 4, 7, 8).
La réalité de la lutte politique est constamment affirmée et s'amorce une analyse des mécanismes de la
société bourgeoise. Cependant, l'arrière-fond abstrait
et moral, hérité de la *Ligue des Bannis* et de la *Ligue
des Justes,* subsiste : le communisme est compris
comme « abolition de la propriété privée que rem-
place la communauté des biens » (paragraphe n°. 3);
l'action révolutionnaire est définie comme « instruction et union du prolétariat » (paragraphe n° 6); les
modalités de cette action, c'est essentiellement
« l'émancipation politique du prolétariat par une
constitution démocratique » (paragraphe n° 16);
celle-ci devra exiger une « réduction de la propriété
privée telle que cela prépare sa transformation progressive en propriété sociale, par exemple, par l'impôt progressif, la limitation progressive au profit de
l'État » (paragraphe n° 18). Les questions concernant la famille et la patrie sont posées pour être

aussitôt éludées (paragraphes nᵒˢ 20 et 21); et l'internationalisme ne figure que comme résultat des alliances nationales qui se pourront établir entre pays
ayant réalisé la communauté des biens[3].

Cette *Profession de foi* fut diffusée aux différentes
« communes » dans les deux mois qui suivirent.
Elle suscita deux réactions qui étaient comme la réponse à son ambiguïté : en octobre, Moses Hess
publie un contre-projet qui renforce les aspects po-
ralisants et utopistes; en novembre, Friedrich Engels
élabore un texte, intitulé les *Principes du Communisme,*
qui soulignent, au contraire, les caractères historiques et politiques de la présente lutte révolutionnaire. C'est ainsi que le communisme est défini non
« comme la théorie de la communauté des biens »,
mais comme la « théorie des conditions de la libération du prolétariat ». De plus, l'accent est mis sur
la transformation foncière que le capitalisme industriel a introduite dans le statut des exploités. Bien
des pages préfigurent celles du *Manifeste* (le terme
est, semble-t-il, évoqué par Engels pour la première
fois dans une lettre à Marx).

Le congrès constitutif de la *Ligue* se réunit donc à
Londres à partir du 29 novembre 1847. La majorité
confie à Marx et à Engels la rédaction d'un texte
définitif : *le Manifeste du Parti communiste,* et ratifie les
Projets de statut. Au début du mois de février de l'année suivante, le texte parvient à l'Autorité centrale.
Dès 1848, plusieurs éditions se succèdent, alors
même qu'éclate la révolution de Février en France.
La première traduction anglaise paraît en 1850,
mentionnant les noms de Marx et de Engels comme
auteurs. En 1872, ceux-ci publient le *Manifeste* (sous

le nom de *Manifeste communiste*) avec une préface qui
assure, en quelque sorte, leur paternité; la première
traduction française, par Laura Laffargue, paraît en
1886 (elle sera suivie d'une édition critique par
Ch. Andler en 1901). Auparavant avait paru une
édition en russe, à Genève, en 1882. Depuis, éditions et traductions se sont multipliées dans toutes
les langues du monde.

MARX ET ENGELS

Il n'est pas question ici d'analyser le chemin que
suivirent ces deux jeunes intellectuels allemands et qui
les conduisit à une responsabilité aussi importante. Il
est nécessaire de rappeler brièvement comment, non
seulement leur activité politique, la constitution du
Bureau d'information communiste de Bruxelles, mais encore leurs recherches théoriques et critiques, les ont
amenés à cette position dominante.

Engels et Marx se sont rencontrés pour la première fois à Cologne, à la fin de l'année 1841, sous
les auspices de Moses Hess. Marx est distant à
l'égard de ce jeune homme qui appartient au
groupe des « Affranchis », fraction bavarde, querel-
leuse et utopiste des « hégéliens de gauche ». Engels
est d'une famille d'industriels tisserands qui a des
liens avec une firme de Manchester. Sa lecture de
Hegel et de Feuerbach le confirme dans son
athéisme; l'irrationalité et l'injustice de la société
économique et politique à laquelle il participe
l'amènent à s'interroger sur les mécanismes qui sont
à son origine. C'est pourquoi quand il se rend à
Berlin, en 1841, il rencontre les « Affranchis »...

Mais il reste sur sa faim. Il est envoyé par son entreprise à Manchester, où il voit fonctionner le capitalisme, pour ainsi dire, « à nu ». C'est alors qu'il se convainc de la double nécessité d'analyser le processus de production de la misère pour l'immense majorité et de la richesse pour une infime minorité et de participer aux mouvements politiques de contestation d'un tel régime...

C'est dans cette optique qu'il écrit son *Esquisse de l'Économie politique*, première étape de son étroite collaboration combattante avec Marx. Karl Marx, fils d'intellectuel, fait, lui, des études universitaires : étudiant en droit, il passe sa thèse d'habilitation de philosophie en 1841 avec une recherche sur le matérialisme de Démocrite et d'Épicure. Comme les jeunes chercheurs allemands progressistes, il a lu et relu Hegel; il a réfléchi sur la critique qu'en fait Feuerbach; il rencontre, à Berlin, Bakounine, Stirner, les frères Bauer, Ruge. Au début, il se rallie aux perspectives des « hégéliens de gauche »; il publie dans les gazettes éphémères que ceux-ci réussissent à éditer, malgré la censure. Ses premiers textes critiques paraissent dans la *Gazette rhénane,* dont il prendra la direction.

La vivacité de sa plume, la rigueur et la violence de ses attaques annoncent déjà qu'il n'est pas d'accord foncièrement avec l'optique de ses amis, qui se contentent d'une critique *théorique,* qui proposent le modèle de l'État hégélien libéral comme objectif à réaliser et qui, finalement, en appellent, comme les politiques utopistes de tous les temps, à une prise de conscience de ce qui est bon et vrai. C'est dans la *Contribution à la Critique de la philosophie de l'État* de

Hegel⁴, article paru, à Paris, en 1844, dans les *Anna-les franco-allemandes,* que se marque la première rup-ture décisive avec le libéralisme et le démocratisme abstraits. Politiquement, les discussions de Marx avec les intellectuels progressistes et avec les groupes ouvriers français pénétrés par l'idéologie communau-taire, n'ont rien donné. Mais Marx a compris que ni la répétition de l'emphase hégélienne, ni la critique encore plus emphatique de Feuerbach, ni les polémiques brillantes des publicistes ne réussiront jamais à « faire descendre le ciel sur la terre ».

Dans la *Contribution,* comme dans la *Question juive,* paru dans le même numéro des *Annales franco-alle-mandes* (ainsi que l'*Esquisse à la Critique de l'économie politique* de Engels), Marx dénonce définitivement l'idée de l'État telle qu'elle a été acceptée — et prati-quée — depuis le xviiᵉ siècle, des monarchies abso-lues et de leur antithèse abstraite, définie par les théoriciens du droit naturel, jusqu'aux doctrinaires de l'École du droit historique et de leur réfutation effective : le libéralisme bureaucratique de Hegel : l'État — dans son principe et dans sa réalité — n'est ni une donnée (une créature de Dieu ou une expres-sion de l'histoire du peuple), ni le résultat d'une convention de volontés délibérant en fonction des normes de la droite raison, ni la Raison s'incarnant ici et maintenant comme souveraineté ayant à calcu-ler l'intérêt : il est un *produit.*

Après la critique de la religion qui « pour l'Alle-magne... est terminée pour l'essentiel⁵ », il convient d'en venir à la critique de l'État, de montrer ce qu'il est : une administration appuyée par l'armée et par la police, dont toute la fonction est de renforcer, de légaliser, de faire apparaître comme morale l'oppression qu'exercent ceux qui possèdent les moyens de production — terres, mines, outils, habitations et la commune de ceux-ci, le Capital — sur ceux qui n'ont d'autre ressource pour survivre que de vendre quotidiennement leur force de travail.

La *Contribution* montre déjà qu'il ne suffit pas de faire apparaître l'État comme une « superstructure » — thème qui sera repris par diverses révisions ultérieures du marxisme —, mais comme le lieu même de la lutte. C'est pourquoi, poursuit Marx, il importe de constituer une *classe radicale* qui, subissant l'exploitation absolue, le dommage universel, ne pourra se libérer qu'en brisant les chaînes de la société tout entière. Bref, la lutte est *politique*. Il n'y a rien à attendre d'une transformation lente et souterraine de l'économie qui introduirait on ne sait quelle amélioration (comme Tocqueville attendait des « progrès sociaux » une amélioration progressive des conditions individuelles; comme Bernstein, à la fin du XIXe siècle, attendra du développement de la production industrielle un passage pacifique au socialisme). Il n'y a pas non plus, dans l'optique d'une apocalypse positive, à croire qu'une prise de conscience de l'exploitation pourrait provoquer, par la réunion magique des volontés individuelles, le déclenchement d'une action décisive.

Il s'agit bien de constituer la *classe radicale* comme arme, de remplacer « les armes de la critique par la critique des armes ». L'*Idéologie allemande* — qui paraît en 1846 — va élargir cette perspective et définir les principes du matérialisme historique comme moment théorique, comme instrument d'analyse de la lutte

pour la révolution communiste. L'analyse de Marx et
de Engels demeure encore largement tributaire de la
philosophie de l'histoire hégélienne et du renversement « matérialiste » opéré par Feuerbach. Tout se
passe comme si l'homme empirique, la nature comme
dynamisme, avec ses creux et ses bosses, ses identités
et ses contradictions, se substituaient tout uniment au
devenir dramatique de l'Esprit. Cependant, quand on
est résolu et qu'on a participé à la lutte politique, ce
genre de substitution ne s'effectue pas sans risque.
C'est une tout autre conception de l'histoire des sociétés qui commence à s'imposer. Celle-ci se précise
dans les discussions difficiles qui précèdent les
deux congrès constitutifs de la *Ligue communiste*.

La première étape dans la formation du marxisme
est marquée par la *Contribution à la critique de la philosophie de l'État de Hegel,* par la *Question juive,* de
Marx, par les *Principes du communisme,* par la *Situation
des classes laborieuses en Angleterre,* de Engels. La
seconde étape, c'est le *Manifeste du Parti communiste.*

Ce qui, dès lors, est manifeste

Le texte est si fort, si bien lié et si présent qu'il
n'y a pas à le « présenter ». Il parle de soi-même.
Soulignons toutefois trois points essentiels qui ont
été l'objet d'interprétations divergentes, qui eurent
et qui continuent d'avoir des conséquences politiques.

• Comment comprendre, d'abord, la première
phrase de la première partie du *Manifeste* : « L'histoire de toute société jusqu'à nos jours est l'histoire
de la lutte de classes »? Laissons la note érudite in-

troduite par Engels dans son édition de 1888 qui précise que cette assertion vaut pour les sociétés de classes, non pour les sociétés que nous appelons aujourd'hui « sauvages ». L'important n'est pas là : il s'agit de savoir comment se distribue, dans cette phrase déterminante, la signification. On peut lire, en effet, le texte comme affirmant que le moteur de l'histoire, du progrès de l'humanité, c'est la lutte des classes, tout comme Hegel affirmait que c'est la guerre entre les peuples. Ainsi, le marxisme serait institué, dès 1848, comme une *autre* philosophie de l'histoire, assignant au prolétariat une mission historique, tout comme chacun des peuples a occupé, dans l'« odyssée » hégélienne, sa fonction de progrès.

On peut interpréter le texte autrement, dans une perspective qui administre plus rigoureusement la phrase de l'*Idéologie allemande* selon laquelle « la seule science est la science de l'histoire ». Auquel cas, cet énoncé liminaire voudrait dire : quiconque s'efforce d'introduire l'intelligibilité en ce qui concerne aussi bien le passé et le présent que le calcul portant sur les combats à venir, doit en appeler au concept de *lutte de classes* qui est seul capable d'expliquer la complexité de la réalité historique.

Il semble bien que c'est à cette seconde lecture qu'incline le *Manifeste*. C'est elle aussi qui permet de comprendre les œuvres « historiennes » de Marx, comme *Les luttes de classes en classe en France (1848-1850)*, *Le 18 brumaire de Louis Bonaparte*, *La Guerre civile en France (1871)*. Il n'en reste pas moins que la première interprétation se trouve confirmée par de nombreux autres textes, des *Fondements de l'économie politique de 1857-1858*[6] au *Capital*...

Il n'est pas exclu que cette équivocité soit constitutive de la pensée de Marx et de Engels.

• Le *Manifeste* permet en second lieu de mieux entendre déjà ce qu'est le *socialisme scientifique* et d'éviter un contresens ancien, qui refleurit aujourd'hui, sous les auspices de l'épistémologie. Dans les *Manuscrits* dits de *1844, économie politique et philosophie,* Marx, à mi-chemin de l'hégélianisme et du naturalisme de Feuerbach, adhère à une idée confuse du communisme. Sans doute n'est-ce point Weitling et toute religiosité est soigneusement exclue. Le communisme n'en est pas moins présenté comme un idéal que l'humanité doit réaliser si elle veut rejoindre son « essence générique », se libérer des aliénations qui pèsent sur elle et développer l'infinie richesse de ses capacités. Cette conception est encore partiellement présente dans certaines pages de la *Contribution à la critique de la philosophie de l'État de Hegel* et dans l'*Idéologie allemande.*

Elle a disparu dans le *Manifeste*. Mais ce n'est point parce que Marx et Engels auraient substitué à l'*imaginaire* politique une *science* politique (ou une science des sociétés). C'est que le travail militant leur a montré qu'il n'est d'activité théorique opératoire que celle qui se greffe directement sur les pratiques de masses. Enseignés sur ce point par Hegel, ils ont bien vu que l'utopisme ne consiste nullement à rêver une société mieux organisée (ou désorganisée), mais à proposer un objectif de combat qui ne s'articule pas immédiatement sur les luttes réelles. Dès lors, socialisme *scientifique* signifie non pas, comme je l'indiquais ci-dessus, que celui-ci refléterait exactement la réalité sociale, mais qu'il élabore des concepts qui éclairent des actions déjà existantes, afin de les renforcer, de les développer et de leur fixer des objectifs précis.

• De ce fait et dans la même perspective, le *Manifeste* éclaire l'idée de révolution. Les mouvements révolutionnaires — surtout ceux d'Allemagne et de France — sont hantés, en ce deuxième tiers du XIX⁰ siècle, par l'image de la Révolution française, qui a été au bord d'être la grande transformation, qui est parvenue, par moments, à faire fonctionner une démocratie effective et qui, finalement, a installé le pouvoir de la bourgeoisie.

Déjà la *Question juive,* à propos de la revendication de B. Bauer qui exigeait que soit reconnue aux Juifs d'Allemagne l'égalité des droits civiques, mettait en évidence le leurre que constitue l'acquisition de la citoyenneté : celle-ci, en fait, a pour seule fin de légaliser l'exploitation économique, d'atomiser la société et de proposer comme seul remède aux misères actuelles la défense formelle des droits privés et l'espoir d'une amélioration du droit public. Marx rappelait alors à ce propos le mot d'un député français, lorsque fut instituée une taxe sur les chiens : « Pauvres chiens, voici maintenant qu'on vous traite comme des hommes. »

Sans doute, le *Manifeste* ne nie pas l'intérêt de la lutte pour la démocratie; mais seulement dans la mesure où celle-ci prépare un rassemblement pour un objectif plus vaste : la destruction de l'ordre bourgeois, de son État et du système de production fondé sur le profit. A cet égard, le prolétariat est un « fer de lance » : lui seul, de par sa condition, est capable de prendre claire connaissance de cette nécessité et de transformer le rassemblement des autres masses exploitées qui ne luttent spontanément que pour la démocratie en force révolutionnaire.

C'est là précisément ce que va mettre en évidence, entre autres, la *Critique du programme de Gotha*.

II — DU « MANIFESTE »
À LA « CRITIQUE
DU PROGRAMME DE GOTHA »

Quelles ont été les activités théoriques, polémiques et politiques durant le quart de siècle qui sépare la rédaction du *Manifeste* et les *Gloses marginales au programme de Gotha*? C'est précisément durant cette période que se constitue le marxisme, période douloureuse, laborieuse, tourmentée, traversée de tragédies historiques et de drames personnels (pour Marx). Inlassables, épuisés, souvent misérables, soutenus par un cercle restreint, mais sans arrêt calomniés par ceux qui auraient dû être leurs amis politiques, surveillés par les censures, pourchassés par les polices de toute l'Europe — sauf celle de Grande-Bretagne — Marx et Engels renouent le triple fil de l'analyse politique et historique, de la lutte pour l'organisation des mouvements révolutionnaires et de la recherche théorique des mécanismes de la société actuelle, afin de constituer la force capable de vaincre l'État bourgeois.

Lorsque éclate la révolution de Février en France, bientôt suivie par les insurrections qui secouent les capitales d'Europe, c'est l'espoir. Le combat spontané des masses rejoint les perspectives définies par le *Manifeste*. L'action de la *Ligue des communistes* — alors même qu'elle est à peine implantée — se trouve confirmée, pour ainsi dire, de l'extérieur, par la lutte populaire. L'échec survient bientôt, qui exige une réflexion approfondie.

Dans le sillage des révolutions de 1848

Dans un premier moment, qui dure quelque cinq années, Marx et Engels travaillent dans cette optique. Ils font l'analyse de la défaite; ils développent leurs recherches économiques (en 1849, Marx publie *Travail salarié et capital*). Un organe, créé en 1848, la *Nouvelle Gazette rhénane,* leur permet d'exposer, dans de multiples articles, leurs jugements politiques tant sur le passé récent et le présent que sur les luttes à venir. Les appels à la révolution se multiplient et cela jusqu'à l'affirmation de la validité du « terrorisme révolutionnaire » (article du 7 novembre de la *Nouvelle Gazette rhénane*); la configuration politique des forces en présence est soigneusement étudiée, ainsi qu'est dénoncée la signification de classe des alliances entre les États.

Marx, qui commence à devenir gênant à Paris, est assigné à résidence en Bretagne. Il préfère s'installer à Londres avec sa famille, dans des conditions matérielles déjà difficiles. La *Nouvelle Gazette rhénane* cesse de paraître au milieu de l'année 1849; mais la *Ligue des communistes* décide de reprendre son activité internationale. En 1850, paraissent les articles de Marx analysant les événements de 1848 en France : *La*

Lutte des classes en France; la réorganisation de la *Ligue* se poursuit. La *Nouvelle Gazette rhénane* est à nouveau publiée, sous forme, cette fois, de cahiers; le dernier numéro paraîtra à la fin de l'année, avec l'étude de Engels consacrée à la *Guerre des paysans en Allemagne*.

Malgré les conflits qui entravent le développement de la *Ligue*, Marx décide d'approfondir ses recherches économiques et dresse le plan d'une *Économie politique*. En 1852, il achève la rédaction du *18 brumaire de Louis Bonaparte* et commence sa collaboration au *New York Tribune*, journal où il va donner de multiples chroniques concernant la politique européenne. Il s'efforce de venir en aide aux communistes allemands cités devant les tribunaux pour activité subversive; ses interventions sont bloquées par la censure. Et bien qu'il reste, avec Engels, en relation avec les milieux progressistes britanniques, il lui faut se résoudre à proposer la dissolution de la *Ligue des communistes*. Son activité, dès lors, devient de plus en plus besogneuse : il parvient, toutefois, à faire passer dans ses articles américains des attaques théoriques contre l'ordre bourgeois.

En 1855, la *Neue-Oder Zeitung* lui permet de reprendre son activité de propagande en Allemagne. Il y analyse, non seulement la politique européenne actuelle, mais aussi les problèmes sociaux que pose de plus en plus crûment la croissance industrielle en Angleterre. Il souligne, à cet égard, qu'en ce dernier cas, la revendication pour la démocratie est un véritable « cri de guerre », capable de mettre en danger le système capitaliste.

Il reste que cette activité prodigieuse s'effiloche au gré des événements, que la perspective globale à la fois théorique, politique et d'organisation pratique, que proposait le *Manifeste* ne parvient pas à se souder et que l'idée du communisme est redevenue simplement polémique.

DE LA CRITIQUE DE L'ÉCONOMIE POLITIQUE À L'ASSOCIATION INTERNATIONALE DES TRAVAILLEURS.

Une passagère amélioration de sa situation matérielle permet à Marx, qui continue son travail de journaliste, de reprendre et de systématiser ses travaux économiques. C'est ainsi que paraissent, en 1857, *l'Introduction générale à la critique de l'économie politique* et, en 1859, la *Contribution à la critique de l'économie politique, première partie,* que sont rédigés les matériaux d'une richesse exceptionnelle, qui serviront à l'élaboration du *Capital,* découverts en 1923 par Razianov et publiés en 1939 sous le titre *Fondements de la critique de l'économie politique (Grundrisse das Kritik der politischen Occonomie (Rohentwurf)*[7]. En même temps, durant ces années, 1857-1862, le projet de *Traité d'économie politique* s'infléchit : Marx a découvert son objet. C'est le Capital et l'énigme qu'il présente. Quelle est l'énigme de ce régime d'exploitation — le mode de production capitaliste — qui, à la fois, expose cyniquement sa cruauté foncière et réussit à l'imposer (le mode de production féodal, par exemple, y mettait des gants — de fer ou de velours — mais il mettait des gants)? Par quels mécanismes fonctionne-t-il? Une lettre à Kugelmann, datant de la fin de l'année 1862, précise le sens de cette inflexion : le sous-titre de l'ouvrage sera : *Critique de l'économie politique.*

Cependant, Marx et Engels poursuivent leurs contacts politiques, en Angleterre, en France et en Allemagne. En Allemagne, leur correspondant privilégié est un publiciste révolutionnaire qui va acquérir au fil des années une autorité de plus en plus grande auprès des ouvriers allemands, singulièrement dans le sud : Ferdinand Lassalle. Plusieurs fois emprisonné, il a mené des actions résolues et publié des pamphlets d'une grande violence où il dénonçait l'injustice du régime et l'apathie des opposants libéraux. Les rapports de Marx et de Lassalle sont étranges et mériteraient une étude approfondie. Ils sont l'un et l'autre théoriciens et, l'un et l'autre, soucieux d'action politique : dès le début s'instaure entre eux une relation de méfiance et de fascination. Lassalle rend de grands services matériels à Marx; mais son amitié devient de plus en plus exigeante. Peu à peu se révèle le *fond* de l'opposition : elle est d'ordre politique. Elle est dite par Engels, dans la lettre qu'il adresse à Marx, lorsqu'il apprend que Lassalle vient d'être tué en duel pour une affaire passionnelle en 1864 : « Tu peux t'imaginer combien cette nouvelle m'a surpris — quelle qu'ait été sa valeur personnelle, littéraire, scientifique, il est certain que pratiquement il a été une des têtes les plus remarquables de l'Allemagne. Dans le présent, il fut pour nous un ami incertain et dans l'avenir un ennemi plus que certain; peu importe, c'est quand même pénible de voir l'Allemagne achever tous les hommes du parti extrême qui ont certaines capacités[8]. »

La *Critique du programme de Gotha* définit la signification de cette opposition politique foncière (plus de dix années, après sa mort, Lassalle continue d'exercer une grande influence sur le mouvement révolutionnaire allemand). Elle souligne des aspects de la conception lassallienne qui ne sont pas sans rapport avec certaines idées de « gauche » qui ont aidé, soixante-dix ans après, à la réussite du national-socialisme. Je reviendrai sur ces points. Ce qui est frappant, c'est que cette période — 1857-1864 — correspond, pour Marx, alors que les difficultés personnelles s'aggravent et que la besogne journalistique pèse de plus en plus, Marx et Engels reprennent en main l'objectif défini en 1848 : constituer la théorie de l'action révolutionnaire en tant que cette théorie est nécessairement la critique (la dénonciation) politique de la « haute politique » (internationale et intérieure), de l'économie politique (comme explication de la « société civile » ou comme technique de gestion). Dès lors, après la rédaction *Grundrisse* et l'élaboration du *Capital* — dont le *Livre premier* paraîtra en 1867 —, l'idée — encore abstraite de lutte des classes — se leste d'un poids nouveau. En démontant le mécanisme du profit, il devient possible d'orienter plus précisément les mouvements d'opposition existants vers la révolution.

Sans doute, y a-t-il dans les formulations que je viens d'utiliser un danger : que la critique de la politique et de l'économie politique reste un discours, qu'elle instaure un nouvel académisme et que le référent : les combats réels, soit peu à peu oublié et que, finalement, la nouvelle relation établie entre le théorique et le pratique bascule du côté du théorique et devienne une nouvelle catégorie dans le cheminement de la pensée philosophico-politique. Le risque est d'autant plus grand que Marx et Engels sont alors tout à fait isolés.

Cependant, en ces années, une nouvelle crise survient en Europe. Politique, sans doute ; mais aussi et plus sûrement économique. L'industrie progresse, mais dans l'inquiétude ; la soupape de la colonisation n'est pas encore pleinement ouverte. Les effets des traités de Paris s'amenuisent. Tout est changé dans les sphères dirigeantes ; Bismarck prend le pouvoir en Prusse. De cette crise et des menaces politiques dont est chargé le ciel européen, les classes ouvrières ressentent concrètement les effets. W. Liebknecht, qui est en relation avec de nombreuses associations de prolétaires allemands, avertit Marx, au milieu de l'année 1864, que celles-ci désirent qu'il prenne la tête du mouvement.

Marx accepte. A un meeting international qui a lieu à Londres, en septembre, qui fonde l'*Association internationale des travailleurs,* il est considéré comme le représentant des ouvriers allemands ; on le charge d'examiner les divers projets de statut. Et finalement, c'est lui qui rédige l'*Adresse inaugurale* et les *Statuts* qui sont adoptés. Je reproduis ici le texte de ces *Statuts,* auxquels Marx ne cesse de se référer dans sa *Critique du programme de Gotha*[9].

« Considérant

que l'émancipation de la classe ouvrière doit être l'œuvre des travailleurs eux-mêmes ;

que la lutte pour l'émancipation de la classe ouvrière n'est pas une lutte pour des privilèges et des monopoles de classe, mais pour l'établissement de droits et de devoirs égaux, et pour l'abolition de tout régime de classe;

que l'assujettissement économique du travailleur aux détenteurs des moyens du travail, c'est-à-dire des sources de la vie, est la cause première de la servitude intellectuelle et de la dépendance politique;

que par conséquent l'émancipation économique de la classe ouvrière est le grand but auquel tout mouvement politique doit être subordonné comme moyen;

que tous les efforts tendant à ce but ont jusqu'ici échoué, faute de solidarité entre les travailleurs des différentes professions dans le même pays et d'une union fraternelle entre les classes ouvrières des divers pays;

que l'émancipation du travail, n'étant un problème ni local ni national, mais social, embrasse tous les pays dans lesquels existe la société moderne, et nécessite, pour sa solution, le concours théorique et pratique des pays les plus avancés;

que le mouvement qui vient de renaître parmi les ouvriers des pays les plus industrieux de l'Europe, tout en réveillant de nouvelles espérances, donne un solennel avertissement de ne pas retomber dans les vieilles erreurs et de combiner le plus tôt possible les efforts encore isolés;

Pour ces raisons,

L'Association internationale des travailleurs a été fondée.

Elle déclare,

que toutes les sociétés et individus y adhérant reconnaîtront comme base de leur conduite envers tous les hommes, sans distinction de couleur, de croyance et de nationalité, *la Vérité, la Justice et la Morale*.

Pas de devoirs sans droits, pas de droits sans devoirs[10].

C'est dans cet esprit que les statuts suivants ont été conçus :

Article premier. — L'Association est établie pour créer un point central de communication et de coopération entre les sociétés ouvrières des différents pays aspirant au même but, savoir : le concours mutuel, le progrès et le complet affranchissement de la classe ouvrière.

Art. 2. — Le nom de cette association sera : *Association internationale des travailleurs*.

Art. 3. — Tous les ans aura lieu un Congrès ouvrier général composé de délégués des branches de l'Association. Ce Congrès proclamera les aspirations communes de la classe ouvrière, prendra l'initiative des mesures nécessaires pour le succès de l'œuvre de l'Association internationale, et en nommera le Conseil général.

Art. 4. — Chaque Congrès fixera la date et le siège de la réunion du Congrès suivant. Les délégués se réuniront de plein droit aux lieu et jour désignés, sans qu'une convocation spéciale soit nécessaire. En cas d'urgence, le Conseil général pourra changer le lieu du Congrès, sans en remettre toutefois la date.

Tous les ans, le Congrès réuni indiquera le siège du conseil général, et en nommera les membres.

A chaque Congrès annuel, le Conseil général fera un rapport public de ses travaux. Il pourra, en cas de besoin, convoquer le Congrès avant le terme fixé.

Art. 5. — Le Conseil général se composera de tra-

vailleurs appartenant aux différentes nations représentées dans l'Association internationale. Il choisira
dans son sein les membres du bureau nécessaires
pour la gestion des affaires, tels que trésorier, secré-
taire général, secrétaires particuliers pour les différents pays, etc.

Art. 6. — Le Conseil général fonctionnera comme
agent international entre les différents groupes nationaux et locaux, de telle sorte que les ouvriers de
chaque pays soient constamment au courant des
mouvements de leur classe dans les autres pays;
qu'une enquête sur l'état social soit faite simultanément et dans un même esprit; que les questions
d'intérêt général, proposées par une société, soient
examinées par toutes les autres, et que, l'action immédiate étant réclamée, comme dans le cas de querelles internationales, tous les groupes de l'association puissent agir simultanément et d'une manière
uniforme.

Suivant qu'il le jugera opportun, le Conseil général prendra l'initiative des propositions à soumettre
aux sociétés locales et nationales.

Pour faciliter ses communications, il publiera un
bulletin périodique.

Art. 7. — Puisque le succès du mouvement ouvrier dans chaque pays ne peut être assuré que par
la force résultant de l'union et de l'association;
— que, d'autre part, l'action du Conseil général sera
plus afficace si, au lieu de correspondre avec une
foule de petites sociétés locales, isolées les unes des
autres, il peut se mettre en rapport avec quelques
grands centres nationaux des sociétés ouvrières; —
par ces raisons, les membres de l'Association inter-

nationale devront faire tout leur possible pour réunir les sociétés ouvrières, encore isolées, de leurs pays respectifs, en associations nationales, représentées par des organes centraux.

Il va sans dire que l'application de cet article est subordonnée aux lois particulières à chaque pays, et qu'abstraction faite d'obstacles légaux, chaque société locale indépendante aura le droit de correspondre directement avec le Conseil général.

Art. 7a². — Dans sa lutte contre le pouvoir collectif des classes possédantes, le prolétariat ne peut agir comme classe qu'en se constituant en parti politique distinct, opposé à tous les anciens partis formés par les classes possédantes.

Cette constitution du prolétariat en parti politique est indispensable pour assurer le triomphe de la révolution sociale et de son but suprême : l'abolition des classes.

La coalition des forces ouvrières, déjà obtenue par la lutte économique, doit aussi servir de levier aux mains de cette classe dans sa lutte contre le pouvoir politique de ses exploiteurs. Les seigneurs de la terre et du capital se servant toujours de leurs privilèges politiques pour défendre et perpétuer leurs monopoles économiques et asservir le travail, la conquête du pouvoir politique devient le grand devoir du prolétariat.

Art. 8. — Chaque section a le droit de nommer ses secrétaires correspondants avec le Conseil général.

Art. 9. — Quiconque adopte et défend les principes de l'Association internationale des travailleurs peut en être reçu membre. Chaque section est responsable pour l'intégrité de ses membres.

Art. 10. — Chaque membre de l'Association internationale, en changeant de pays, recevra l'appui fraternel des membres de l'Association.

Art. 11. — Quoique unies par un lien fraternel de solidarité et de coopération, toutes les sociétés ouvrières adhérant à l'Association internationale conserveront intacte leur organisation particulière.

Art. 12. — La révision des statuts présents peut être faite à chaque Congrès sur la demande des deux tiers des délégués présents.

Art. 13. — Tout ce qui n'est pas prévu par les présents statuts sera déterminé par des règlements spéciaux que chaque Congrès *pourra réviser.* »

L'existence de l'*Association internationale des travailleurs,* des problèmes que posent son organisation et son développement imposent désormais à Marx et à Engels un autre type de travail. Le double versant de l'activité révolutionnaire s'y manifeste clairement : poursuivre les études qui doivent permettre de démasquer — par des références objectives — les techniques administratives et politiques par lesquelles se maintient le système du profit; reprendre inlassablement l'entreprise de regroupement des mouvements révolutionnaires, à quelque niveau de combativité ou de connaissance qu'ils soient, afin que s'organisent les forces capables de détruire l'État.

Alors que Marx et Engels poursuivent leurs investigations économiques, leurs critiques des constellations politiques présentes et des théories économiques tout juste passées, ils participent au congrès de l'A. I. T. de 1867 à Lausanne, où le groupe anarchiste de Bakounine, disparate, mais puissant et effi-

cace, rallie l'*Association;* ils se retrouvent à Bruxelles
en 1868, à Bâle en 1869. L'A. I. T. soutient et coor-
donne les actions des ouvriers en lutte contre un ordre capitaliste de plus en plus cynique. Au cours de
ces années, le marxisme, désormais constitué, apparaît comme l'axe où — selon les idées exposées par
le *Manifeste* — *doit* provoquer le rassemblement de la
puissance des exploités.

Un nouveau « 48 » s'annonce et qui, cette fois,
devrait vaincre. Le jeu des États en décide autrement. La guerre franco-prussienne éclate. On sait
que dès le début Marx prévoit une victoire allemande et s'en réjouit, dans la double mesure où,
d'une part, au renforcement de l'État prussien devra
correspondre une meilleure centralisation de la
classe ouvrière allemande et où, d'autre part, la défaite française serait aussi celle des partisans de
Proudhon[11]. L'annonce de l'insurrection parisienne
bouleverse ses perspectives, il faut bien le dire, na-
vrantes et naïvement dialectiques. Marx et Engels
craignent que l'honnêteté des Communards ne les
conduise à la défaite[12]. Cependant, leur adhésion à
la Commune se fait, au fil des semaines, de plus en
plus vive et efficace. Bientôt, après l'échec, la Commune est célébrée par l'A. I. T. comme la manifestation la plus importante et la plus significative de la
lutte des travailleurs.

Toutefois, au sein de l'*Association,* apparaissent des
divergences : Marx lutte à la fois contre l'aristocra-
tisme de ceux qui restent fascinés par le modèle
« trade-unioniste » et les menées des anarchistes qui
visent à confisquer le mouvement à leur profit. Il
s'efforce, par de multiples interventions auprès du

Conseil de l'A. I. T., à Londres, d'en maintenir la
cohésion. Le Congrès de La Haye qui a lieu en septembre 1872 recommande de transférer le siège de
l'*Association* de Londres à New York et cela sur sa re-
commandation et sur celle de Engels. C'est, en vérité, l'acte de décès de la 1re Internationale, vaincue
par la coalition de la bourgeoisie, menée par Thiers
et Bismarck. La mort officielle sera enregistrée à
Philadelphie en ̄1876.

LA SITUATION EN ALLEMAGNE

Alors que l'hégémonie de Bismarck, prussienne et
réactionnaire, s'impose en Allemagne, se crée en
1865, dans les états du sud le *Parti populaire allemand*
qui défend les intérêts de la bourgeoisie libérale.
Celui-ci milite pour l'organisation d'un État fédéral
et, de toute évidence, défend les positions de l'Autri-
che. Faute de mieux, conscients de la mainmise
prussienne, des éléments ouvriers y adhèrent. Ce
parti ne résiste pas à la défaite autrichienne. Dès
lors, c'est le *Parti ouvrier social-démocrate d'Allemagne,*
fondé en août 1869, par W. Liebknecht et A. Bebel
qui va prendre le relais de la lutte populaire. L'article premier de son programme désigne l'objectif :
« l'établissement de l'État populaire libre »; l'article
deuxième précise, entre autre, que « l'émancipation
du travail (n'étant) ni un problème local, ni un problème national, mais un problème embrassant tous
les pays civilisés, le Parti... déclare former... une
branche de l'*Association internationale des travailleurs* et
déclare poursuivre les mêmes buts que celle-ci »;
l'article troisième revendique le suffrage universel di-

rect, la « suppression de tous les privilèges de
classe, de propriété, de naissance et de culte », « la
substitution d'une milice populaire à l'armée permanente », « la séparation de l'Église et de l'État »,
« l'appui de l'État au mouvement coopératif ».

Cette organisation — d'inspiration partiellement
marxiste — se trouve en rivalité avec l'*Association générale des ouvriers allemands* qu'a organisée, en
mai 1863, à Leipzig, Ferdinand Lassalle et qui a défini ainsi ses buts : « Les soussignés fondent, dans
les États confédérés allemands, une association qui,
partant de la conviction que, seul, le suffrage égal et
direct peut assurer une représentation convenable
des intérêts sociaux de la classe laborieuse allemande, ainsi que l'élimination des antagonismes de
classe, se propose d'agir, par la voie pacifique et lé-
gale... l'établissement du suffrage universel direct. »

Les questions tactiques et les précautions prises
contre une législation répressive mises à part, la
différence des deux programmes apparaît bien
vite : l'*Association générale des ouvriers allemands* veut
dépasser l'antagonisme de classe par le libre jeu
du suffrage universel, le *Parti social démocrate* entend pousser cet antagonisme à son point de rup-
ture, en utilisant la revendication démocratique. Le
succès des lassalliens est grand dans les sphères
populaires. Celui des partisans de W. Liebknecht
et de Bebel n'est pas moindre; et cela au point
que l'un et l'autre sont emprisonnés au cours de
l'année 1873.

Marx le prévoyait : malgré la mort de Lassalle,
l'*Association générale* ne cesse de se développer. Au début de l'année 1874, des élections ont lieu. Lassal-

liens et sociaux démocrates sont allés ensemble à la
bataille. Le socialisme remporte sa première victoire
électorale en Allemagne : il recueille plus de trois
cent mille voix et il obtient neuf mandats (trois
pour les membres de l'*Association,* six pour les sociaux démocrates). Lorsque au mois d'octobre, Liebknecht et Bebel sortent de prison, la nécessité d'une
unification des deux organisations s'impose. Les dirigeants se rencontrent l'année suivante et élaborent
un projet de programme commun.

Le texte est transmis à Engels et Marx. Au début
du mois de mai 1875, Marx adresse à W. Bracke ses
gloses marginales. Il faut remarquer que ces critiques n'eurent guère de conséquence et que le texte
définitif adopté par le Congrès de Gotha reproduit,
sans grande modification, le projet.

III — LA « CRITIQUE DU PROGRAMME DE GOTHA »

Cet insuccès est de peu d'importance si on le
compare au retentissement politique profond de
l'analyse ici opérée par Marx. Au vrai, ce sont les
principes de la politique marxiste qui sont exposés
dans cette critique. On parle beaucoup de « révisions » du marxisme et de « révisionnismes ». Si ces
expressions ont un sens, c'est d'abord en fonction
d'un texte militant comme celui-ci, comme en fonction du *Manifeste du Parti communiste.*

Afin d'en rendre plus aisée la lecture, je précise

des points essentiels que le caractère circonstanciel
de la rédaction risquerait de masquer. Formellement, la critique se divise en quatre parties inégales,
elles-mêmes subdivisées de la manière suivante :

Les « Principes »	L'analyse économique	Le programme économique	Le programme politique
Le travail		Les coopératives de production	Le principe : l'État populaire libre
Les capita- listes	La « loi d'airain des salaires »	L'aide de l'État	
La propriété commune		Le contrôle po- pulaire démo- cratique	Les objectifs : • l'éducation • la journée de travail normal • le travail des femmes et des enfants
La fonction des travailleurs		Le résultat : l'organisation socialiste	• le contrôle du travail
Le cadre de la lutte			• le travail dans les prisons • ... la responsabilité

Ce que Marx ne cesse de mettre en évidence, c'est
le caractère foncièrement *idéaliste* — c'est-à-dire réactionnaire — de la perspective adoptée. C'est d'ailleurs ce que Engels écrivait à Bebel, en mars : « Si
nous nous sommes mêlés des affaires intérieures du
Parti, ce fut uniquement pour redresser... les bévues,
toujours d'ordre théorique, qui avaient été faites » et,
dans la même lettre, il précise que l'irréalisme du
programme conduit immanquablement au pire compromis politique.

Il faut voir l'affaire plus précisément : soit, par
exemple, la phrase liminaire : « Le travail est la
source de toute richesse et de toute culture. »
Marx remarque simplement que c'est là un énoncé

faux, qui s'inscrit dans l'optique de l'économie politique bourgeoise. Celle-ci a intérêt à isoler le *travail* comme entité métaphysique et à lui accorder
toutes les vertus; à méconnaître que la nature produit aussi des valeurs d'usage. Cela lui permet, en
effet, d'omettre le fait que le travail est activité
matérielle, qu'il s'accomplit dans certaines conditions, qu'il implique des moyens spécifiques
— c'est-à-dire sociaux — d'appropriation de la nature pour les sociétés humaines. Le travail n'a pas
une puissance *surnaturelle;* il est naturel, c'est-à-dire
matériel et social. Ainsi le présupposé du travail
dans le mode de production capitaliste est l'appropriation massive des moyens de travail par une
classe.

De cet aspect métaphysique, idéaliste en dérive
immédiatement un autre : le *moralisme abstrait.* Soit,
par exemple, la formulation proposée concernant la
répartition des fruits du travail : « L'émancipation
du travail exige l'élévation des moyens du travail à
la propriété collective de la société... avec partage
équitable du produit du travail. » Marx remarque
que la référence a une notion morale aussi confuse
que celle d'équité ressortit à une conception non
scientifique de la réalité. En fait, si l'on considère le
mode de production capitaliste, la répartition du
produit du travail est tout à fait équitable. Comment, d'ailleurs, pourrait-il en être autrement? Le
matérialisme historique a clairement montré que les
prétendues « valeurs morales » — comme les « normes religieuses » — expriment symboliquement le
donné social effectif.

C'est le même moralisme qui apparaît dans l'ana-

lyse économique qui sous-tend le projet de programme : celui-ci propose d'abolir « le système *salarié* avec la *loi d'airain* des salaires ». On sait en quoi
consiste cette fameuse loi, qui s'inscrit dans la lignée
de Malthus, et qui, sous des allures goethéennes, sti-
pule que le capitalisme, utilisant son pouvoir économique et politique, tend, en utilisant les conditions
du marché, à payer le travailleur au plus bas prix
possible. Une telle conception applique, on le voit,
à la valeur de la force de travail le critère idéaliste
utilisé par l'économie politique classique pour mesurer la valeur de la marchandise. Marx et Engels ont
démontré que la force quotidienne du travailleur est
« équitablement » rétribuée : de quoi le faire vivre,
lui et sa famille, pendant une journée et restaurer
ainsi sa force de travail.

Le capitaliste n'est ni méchant ni avare : il est une
pièce dans un système fondé sur le profit, nécessairement voleur et oppressif. L'« erreur » commise par le
projet n'est point seulement théorique : elle a des
conséquences politiques. Marx laisse même entendre
que c'est la volonté d'imposer ces conséquences qui
induit le caractère erroné des principes. Ainsi, à l'idée
de répartition équitable du produit du travail correspond le programme d'installation de coopératives,
dans le cadre de l'État. Apparaît ici un autre aspect de
l'idéalisme du texte : son *utopisme*. La glose marginale
n° 3 oppose à l'idée d'une meilleure distribution
celle d'une transformation révolutionnaire de la production. Il est abstrait et, par conséquent, réactionnaire de suggérer que les coopératives puissent être
des modèles, dans le cadre de la société actuelle :
quelque « équitables » qu'elles puissent être, elles ne

subsistent qu'en tant qu'elles obéissent aux lois du système du profit, et quoi qu'elles fassent, l'ordre du profit se répercute à l'intérieur de leur propre organisation.

L'utopisme se fait étroitement démagogique lorsque le projet (I, 4) considère que seule la classe ouvrière est capable de réaliser l'émancipation du travail et que toutes les autres classes ne forment
qu'une « *masse réactionnaire* ». Une telle appréciation
politique est, à la fois, *fausse* et *criminelle*. Elle est
fausse, parce qu'elle est métaphysique, parce qu'elle
immobilise le processus, qu'elle méconnaît la dyna-
mique du développement capitaliste. Celle-ci, en effet, comme l'a montré le *Manifeste communiste,* en
même temps qu'elle produit le prolétariat comme le
moyen de son profit et comme son ennemi, ne peut
manquer de broyer les autres couches sociales, is-
sues du passé, tournées vers lui, commerçants, artisans, petits et moyens paysans. Et, précisément, ces
« classes moyennes... (deviennent) révolutionnaires...
au regard de l'imminence de leur passage au prolétariat[13] ». Une chose est d'affirmer que le prolétariat ouvrier est le fer de lance du combat révolutionnaire, autre chose est de rejeter tout uniment les
classes moyennes dans le camp de la bourgeoisie.
Cette optique est politiquement criminelle dans la
mesure où elle affaiblit, d'entrée de jeu, les possibi-
lités qui s'offrent au parti ouvrier de passer des alliances avec l'ensemble des victimes du capitalisme.

Cependant, c'est dans la définition de l'objectif ultime du programme que se donne la vérité de l'ensemble du texte : « ... le Parti ouvrier allemand s'efforce, par tous les moyens légaux, de fonder l'*État*

libre — et — la société socialiste... ». La glose n° IV, A,
l'établit : quel est donc ce monstre logico-politi-
que : l'État populaire libre? A cette idée, Marx oppose le processus de transformation de la forme
— État vers la société communiste; c'est là qu'il définit l'élément décisif du combat politique : la *dictature du prolétariat*.

Ainsi, le projet n'est nullement un compromis entre les lassalliens et les sociaux-démocrates de Liebknecht et Bebel. Ces derniers, pour avoir oublié les
principes du matérialisme historique, qui s'expriment dans le *Manifeste* et dans les statuts de
l'A. I. T., se sont laissés jouer. En réalité, le point
de vue nationaliste et socialiste qui a été celui de
Lassalle l'a emporté. Marx ne s'y trompe pas. Et il
propose un autre programme politique, celui de la
classe ouvrière, que Lénine approfondira dans *L'État
et la Révolution* et qui conduira aux victoires de 1917
et 1949.

François CHÂTELET.
Avril 1973.

La traduction a utilisé les textes allemands publiés
in Ausgewähete schriften (A tomes), Sietz Verlag, Berlin
1972.

KARL MARX   FRIEDRICH ENGELS

MANIFESTE DU PARTI COMMUNISTE
(1848)

Suivi de la
Préface à l'édition allemande de 1872
et de la
Préface à l'édition allemande de 1890
de Friedrich Engels

Un spectre hante l'Europe — le spectre du communisme. Toutes les puissances de la vieille Europe se sont alliées pour mener à ce spectre une sainte chasse à courre*[1] : le pape et le tsar, Metternich et Guizot, les radicaux de France et les policiers d'Allemagne.

Où est le parti d'opposition que ses adversaires au pouvoir n'aient traité de communiste, où est le parti d'opposition qui n'ait lancé en retour aux hommes plus avancés de l'opposition comme à ses adversaires réactionnaires le reproche insultant de communistes ?

Deux conclusions s'imposent :

Le communisme est désormais reconnu comme une puissance par toutes les puissances de l'Europe.

Il est grand temps que les communistes exposent ouvertement et au monde entier leurs conceptions, leurs objectifs et leurs tendances et opposent à la légende du spectre du communisme un manifeste du parti.

Dans ce but les communistes des nationalités les plus diverses se sont réunis à Londres pour définir les grandes lignes du manifeste que voici, et qui sera publié en anglais, français, allemand, italien, flamand et danois.

* Voir les notes en fin de volume.

I

BOURGEOIS ET PROLÉTAIRES[2]

L'histoire de toute société jusqu'à nos jours[3] est l'histoire de la lutte des classes.

Homme libre et esclave, patricien et plébéien, seigneur et serf, maître et compagnon, bref, oppresseurs et opprimés ont été en constante opposition; ils se sont mené une lutte sans répit, tantôt cachée, tantôt ouverte, une lutte qui s'est chaque fois terminée par une transformation révolutionnaire de la société tout entière ou par l'anéantissement des deux classes en lutte.

Au début de l'histoire nous trouvons presque partout une organisation complète de la société en différents groupes, une série hiérarchique de situations sociales. Dans la Rome antique nous avons les patriciens, les chevaliers, les plébéiens, les esclaves; au Moyen Age les seigneurs féodaux, les vassaux, les maîtres de corporation, les compagnons, les serfs; et en outre presque chacune de ces classes comporte à son tour des subdivisions hiérarchiques.

La société bourgeoise moderne, issue de l'effondrement de la société féodale, n'a pas dépassé l'opposition des classes. Elle n'a fait que substituer aux anciennes de nouvelles classes, de nouvelles conditions d'oppression, de nouvelles formes de lutte.

Ce qui distingue notre époque, l'époque de la bourgeoisie, c'est qu'elle a simplifié l'opposition des classes. La société tout entière se divise de plus en plus en deux grands camps ennemis, en deux grandes classes qui s'affrontent directement : la bourgeoisie et le prolétariat.

Les serfs du Moyen Age ont donné naissance aux citoyens[4] des premières communes; issus de ces citoyens les premiers éléments de la bourgeoisie se sont développés.

La découverte de l'Amérique, le tour de l'Afrique par mer ont offert à la bourgeoisie montante un nouveau terrain. Le marché indien et chinois, la colonisation de l'Amérique, le troc avec les colonies, et en général l'accroissement des moyens d'échange et des marchandises ont donné au commerce, à la navigation et à l'industrie une impulsion qu'ils n'avaient jamais connue, et ont ainsi favorisé dans la société féodale en décomposition l'essor rapide de l'élément révolutionnaire.

Le mode de fonctionnement féodal et corporatif de l'industrie ne satisfaisait désormais plus l'accroissement des besoins consécutif à l'ouverture de nouveaux marchés. La manufacture le remplaça. Les maîtres de corporation furent supplantés par la classe moyenne industrielle; la division du travail en corporations diverses disparut au profit de la division du travail à l'intérieur de chaque atelier.

Mais les marchés ne cessaient de croître, les besoins de grandir. Bientôt la manufacture ne suffit plus. C'est alors que la vapeur et le machinisme révolutionnèrent la production industrielle. La manufacture fit place à la grande industrie moderne, la classe moyenne industrielle fit place aux millionnaires de l'industrie, aux chefs d'armées industrielles entières, aux bourgeois modernes.

La grande industrie a créé le marché mondial, préparé par la découverte de l'Amérique. Le marché mondial a donné au commerce, à la navigation, aux communications un immense développement. Celui-ci a réagi à son tour sur l'extension de l'industrie, et à mesure que industrie, commerce, navigation et chemin de fer se développaient, la bourgeoisie grandissait, multipliait ses capitaux, et repoussait à l'arrière-plan les classes héritées du Moyen Age.

Nous voyons donc que la bourgeoisie moderne est elle-même le produit d'un long processus de développement, d'une série de bouleversements dans le mode de production et les moyens de communication.

Chacune des étapes de ce développement de la bourgeoisie s'accompagnait d'un progrès politique correspondant. Elle fut d'abord un groupe opprimé sous la domination des seigneurs féodaux, organisant elle-même sa défense et son administration dans la commune[5], ici république urbaine indépendante, là tiers état imposable par le roi; puis, à l'époque de la manufacture, elle devint un contrepoids à la noblesse dans la monarchie décentralisée ou absolue, fondement essentiel des grandes monarchies; la bourgeoisie, depuis la création de la grande industrie et du marché mondial, s'est enfin conquis la domination politique exclusive dans l'État parlementaire moderne. Un gouvernement moderne n'est qu'un comité qui administre les affaires communes de toute la classe bourgeoise.

La bourgeoisie a joué dans l'histoire un rôle révolutionnaire décisif.

La bourgeoisie, là où elle est arrivée au pouvoir, a détruit tous les rapports féodaux, patriarcaux, idylliques. Elle a déchiré sans pitié la multiplicité colorée des liens féodaux qui attachaient l'homme à ses supérieurs naturels, et elle n'a laissé subsister d'autre lien entre l'homme et l'homme que l'intérêt nu, que le froid « argent comptant ». Elle a noyé dans les eaux glacées du calcul égoïste les frissons sacrés de la piété exaltée, de l'enthousiasme chevaleresque, de la sentimentalité petite-bourgeoise. Elle a réduit la dignité personnelle à la valeur d'échange, et, à la place des innombrables libertés reconnues par écrit et chèrement conquises, elle a mis la liberté *unique* et indifférente du commerce. Elle a, en un mot, remplacé l'exploitation déguisée sous les illusions religieuses et politiques par l'exploitation ouverte, cynique, directe, brutale.

La bourgeoisie a dépouillé de leur auréole toutes les activités considérées jusqu'alors avec respect et crainte religieuse. Elle a transformé le médecin, l'homme de loi, le prêtre, le poète, l'homme de science, en salariés à sa solde.

La bourgeoisie a arraché aux rapports familiaux leur voile d'émotion et de sentimentalité et les a ramenés à un pur rapport d'argent.

La bourgeoisie a dévoilé que les démonstrations

de brutalité du Moyen Age, tant admirées par la Réaction, trouvaient leur juste complément dans la paresse la plus crasse. Elle a été la première à prouver ce que peut accomplir l'activité des hommes. Elle a réalisé bien d'autres merveilles que les pyramides d'Égypte, les aqueducs romains, et les cathédrales gothiques, elle a conduit bien d'autres expéditions que les grandes invasions et les croisades.

La bourgeoisie ne peut exister sans révolutionner toujours plus avant les instruments de production, donc les rapports de production, donc l'ensemble des rapports sociaux. La conservation sans changement de l'ancien mode de production était au contraire la première condition d'existence de toutes les classes industrielles du passé. Le bouleversement continuel de la production, l'ébranlement ininterrompu de toutes les catégories sociales, l'insécurité et le mouvement éternels distinguent l'époque bourgeoise de toutes celles qui l'ont précédée. Tous les rapports ancrés, rouillés, avec leur cortège de représentations et de conceptions antiques et vénérables se dissolvent, ceux qui les remplacent deviennent périmés avant d'avoir pu prendre consistance. Tout ce qu'il y avait d'établi et d'assuré part en fumée, tout ce qu'il y avait de sacré est profané, et les hommes sont enfin contraints de considérer d'un œil désabusé leur place dans l'existence, leurs relations réciproques.

Talonnée par le besoin de débouchés toujours plus étendus pour ses produits, la bourgeoisie gagne la terre entière. Il lui faut se nicher partout, s'installer partout, créer partout des relations.

Par son exploitation du marché mondial, la bour-

geoisie a rendu cosmopolites la production et la consommation de tous les pays. Pour le plus grand regret
des réactionnaires, elle a retiré à l'industrie sa base
nationale. Les antiques industries nationales ont été
anéanties et le sont encore tous les jours. Elles sont
supplantées par de nouvelles industries dont l'introduction devient une question de vie ou de mort pour
toutes les nations civilisées : ces industries ne recou-
rent plus à des matières premières locales, mais à des
matières premières en provenance des régions les plus
lointaines, et leurs produits finis ne sont plus seulement consommés dans le pays même, mais dans toutes les parties du monde à la fois. Les anciens besoins
qui étaient satisfaits par les produits nationaux font
place à de nouveaux besoins qui réclament pour leur
satisfaction les produits des pays et des climats les
plus lointains. L'autosuffisance et l'isolement régional
et national d'autrefois ont fait place à une circulation
générale, à une interdépendance générale des nations.
Et ce pour les productions matérielles aussi bien que
pour les productions intellectuelles. Les produits intellectuels de chaque nation deviennent bien commun.
L'esprit national étroit et borné est chaque jour plus
impossible, et de la somme des littératures nationales
et régionales se crée une littérature mondiale.

　　Par l'amélioration rapide de tous les instruments
de production, par les communications rendues infiniment plus faciles, la bourgeoisie entraîne toutes
les nations, jusqu'aux plus barbares, dans le courant
de la civilisation. Le bas prix de ses marchandises
est son artillerie lourde, avec laquelle elle rase toutes les murailles de Chine, avec laquelle elle contraint à capituler les barbares xénophobes les plus

entêtés. Elle contraint toutes les nations, si elles ne veulent pas courir à leur perte, à adopter le mode de production de la bourgeoisie; elle les contraint à introduire chez elles ce qu'on appelle civilisation, c'est-à-dire à devenir bourgeoises. En un mot, elle se crée un monde à sa propre image.

La bourgeoisie a soumis la campagne à la domination de la ville. Elle a créé des villes énormes, elle a considérablement accru la population des villes par rapport à celle des campagnes et elle a donc arraché une part importante de la population à l'abrutissement de la vie rurale. Et comme pour la ville et la campagne, elle a subordonné les pays barbares ou à demi barbares aux pays civilisés, les peuples de paysans aux peuples bourgeois, l'Orient à l'Occident. La bourgeoisie dépasse de plus en plus l'éparpillement des moyens de production, de la propriété et de la population. Elle a aggloméré la population, centralisé les moyens de production et concentré la propriété dans les mains de quelques-uns. La conséquence nécessaire en était la centralisation politique. Des provinces indépendantes, tout juste fédérées, avec des intérêts, des lois, des gouvernements, des systèmes douaniers différents, ont été rassemblées en *une* nation, *un* gouvernement, *un* code de loi, *un* intérêt national de classe, *une* frontière douanière uniques.

En un siècle à peine de sa domination de classe, la bourgeoisie a créé des forces de productions plus imposantes et plus colossales que toutes les générations précédentes réunies. La domestication des forces naturelles, le machinisme, les applications de la chimie à l'industrie et à l'agriculture, la navigation à

vapeur, les chemins de fer, le télégraphe, le défrichement de continents entiers, la canalisation des riviè-
res, l'apparition soudaine de populations entières
— dans quel siècle passé pouvait-on prévoir que de
telles forces productives sommeillaient au sein du
travail social ?

Nous avons donc vu : les moyens de production
et d'échange qui ont servi de base à la formation de
la bourgeoisie ont été produits dans la société féodale. A un certain stade du développement de ces
moyens de production et d'échange, les conditions
dans lesquelles la société féodale produisait et
échangeait, l'organisation féodale de l'agriculture et
de la manufacture, en un mot les conditions de la
propriété féodale ne correspondirent plus aux forces
productives déjà développées. Elles entravaient la
production au lieu de l'encourager. Elles se transfor-
mèrent en autant de chaînes. Il fallait les briser,
elles le furent. Elles furent remplacées par la libre
concurrence avec l'organisation sociale et politique
appropriée, avec la domination économique et politique de la classe bourgeoise.

Sous nos yeux, il s'opère un mouvement analo-
gue. Les rapports bourgeois de production et
d'échange, les rapports bourgeois de propriété, la
société bourgeoise moderne qui a fait naître comme
par enchantement des moyens de production et
d'échange aussi puissants ressemble au sorcier qui
ne peut plus maîtriser les puissances infernales qu'il
a évoquées. Depuis des dizaines d'années, l'histoire
de l'industrie et du commerce n'est plus que l'histoire de la révolte des forces productives modernes

contre les rapports modernes de production, contre les rapports de propriété qui sont les conditions de l'existence de la bourgeoisie et de sa domination. Il suffit de citer les crises commerciales qui, dans leur retour périodique, mettent en question de façon toujours plus menaçante l'existence de la société bourgeoise tout entière. Les crises commerciales anéantissent régulièrement une grande partie non seulement des produits existants, mais même des forces productives déjà créées. Dans les crises éclatent une épidémie sociale qui serait apparue à toutes les époques antérieures comme une absurdité : l'épidémie de la surproduction. La société se trouve brusquement ramenée à un état de barbarie momentanée; on dirait qu'une famine, qu'une guerre générale d'anéantissement lui ont coupé tous les moyens de subsistance : l'industrie, le commerce semblent anéantis, et pourquoi? Parce qu'elle possède trop de civilisation, trop de moyens de subsistance, trop d'industrie, trop de commerce. Les forces productives dont elle dispose ne servent plus à faire avancer la civilisation bourgeoise et les rapports de propriété bourgeois; au contraire, elles sont devenues trop puissantes pour ces rapports, ils sont entravés par elles; et dès qu'elles surmontent cet obstacle, elles portent toute la société bourgeoise au désordre, elles mettent en péril l'existence de la société bourgeoise. Les rapports bourgeois sont devenus trop étroits pour contenir la richesse qu'elles ont produite. — Par quel moyen la bourgeoisie surmonte-t-elle les crises? D'une part par l'anéantissement forcé d'une masse de forces productives; d'autre part par la conquête de nouveaux marchés et l'exploitation plus poussée des anciens. Par quel moyen donc? En préparant des crises plus étendues et plus violentes et en diminuant les moyens de les prévenir.

Les armes dont la bourgeoisie s'est servie pour abattre la féodalité se tournent maintenant contre la bourgeoisie elle-même.

Mais la bourgeoisie n'a pas seulement forgé les armes qui lui donneront la mort; elle a aussi engendré les hommes qui manieront ces armes, — les ouvriers modernes, les *prolétaires*.

Au développement de la bourgeoisie, c'est-à-dire du capital, répond dans une proportion égale le développement du prolétariat, de la classe des ouvriers modernes qui ne vivent que tant qu'ils trouvent du travail, et qui ne trouvent du travail que tant que leur travail augmente le capital. Ces ouvriers, contraints à se vendre par morceaux, sont une marchandise comme tout autre article du commerce et sont donc exposés de la même manière à toutes les vicissitudes de la concurrence, à toutes les fluctuations du marché.

L'extension du machinisme et la division du travail ont fait perdre au travail des prolétaires tout caractère d'autonomie, et par là tout attrait pour l'ouvrier. L'ouvrier devient le simple accessoire de la machine, on ne lui demande plus que le geste le plus simple, le plus monotone, le plus facile à apprendre. Les frais qu'occasionne l'ouvrier se limitent donc à peu près aux seuls moyens de subsistance dont il a besoin pour s'entretenir et perpétuer sa race. Or le prix d'une marchandise, donc aussi du travail, est égal à ses frais de production. Par consé-

quent, à mesure que le travail devient plus répu-
gnant, le salaire baisse. Bien plus, à mesure que le
machinisme et la division du travail s'accroissent, la
masse du travail grandit aussi, que ce soit par l'aug-
mentation du travail exigé en un temps donné, par
l'accélération de la marche des machines, etc.

L'industrie moderne a transformé le petit atelier du
maître artisan patriarcal en la grande usine du capitaliste industriel. Des masses d'ouvriers, entassés dans
l'usine, sont organisés militairement. Ils sont placés
comme simples soldats de l'industrie sous la surveillance d'une hiérarchie complète de sous-officiers et
d'officiers. Ils ne sont pas seulement les domestiques
de la classe bourgeoise, de l'état bourgeois, ils sont
chaque jour, chaque heure, domestiqués par la machine, par le surveillant, par le bourgeois industriel
tout seul. Ce despotisme est d'autant plus mesquin,
odieux, exaspérant, qu'il proclame plus ouvertement
que sa fin ultime est le profit.

Moins le travail manuel réclame d'habileté et de
force physique, c'est-à-dire plus l'industrie moderne
se développe, plus le travail des hommes est sup-
planté par celui des femmes. Les différences de sexe
et d'âge n'ont plus de valeur sociale pour la classe
ouvrière. Il ne reste plus que des instruments de travail, dont le coût varie en fonction de l'âge et du
sexe.

Une fois que l'ouvrier a été suffisamment exploité
pour qu'on lui donne son salaire en argent comptant, les autres membres de la bourgeoisie, le propriétaire, le commerçant, le prêteur sur gage, etc.,
tombent sur lui.

Les anciennes petites classes moyennes, les petits

industriels, commerçants et rentiers, les artisans et paysans, toutes ces classes sombrent dans le prolétariat, soit que leur petit capital ne suffise pas à pratiquer la grande industrie et ne résiste pas à la concurrence des plus grands capitalistes, soit que leur habileté soit dévalorisée par de nouveaux procédés de production. Ainsi le prolétariat se recrute dans toutes les classes de la population.

Le prolétariat passe par diverses étapes de développement. Sa lutte contre la bourgeoisie commence avec son existence.

Ce sont d'abord des ouvriers isolés qui entrent en lutte, puis les ouvriers d'une usine, puis les ouvriers d'une branche d'industrie, en un même point, contre un même bourgeois, qui les exploite directement. Ils dirigent leurs attaques non seulement contre les rapports bourgeois de production, ils les dirigent encore contre les instruments mêmes de production; ils anéantissent les marchandises étrangères en concurrence, ils cassent les machines, ils mettent le feu aux usines, ils cherchent à reconquérir la position périmée de l'ouvrier du Moyen Age.

A ce stade, les ouvriers forment une masse disséminée à travers tout le pays, dispersée par la concurrence. Le rassemblement massif des ouvriers n'est pas encore le résultat de leur propre union, mais le résultat de l'union de la bourgeoisie qui, pour atteindre ses propres objectifs politiques, doit mobiliser le prolétariat tout entier, et, pour le moment, peut encore le faire. A ce stade, les prolétaires ne combattent donc pas leurs ennemis, mais les ennemis de leurs ennemis, les restes de la monarchie absolue, les propriétaires fonciers, les bourgeois non

STADES DU Prolétariat

industriels, les petits-bourgeois. Ainsi tout le mouvement historique est concentré entre les mains de la
bourgeoisie; chaque victoire remportée dans ces
conditions est une victoire de la bourgeoisie.

Mais avec le développement de l'industrie le
prolétariat ne s'accroît pas seulement; il est entassé
en masses plus grandes, sa force croît, avec le sen-
timent qu'il en a. Les intérêts, les conditions de
vie au sein du prolétariat s'égalisent toujours plus,
à mesure que le machinisme efface les différences
dans le travail et réduit presque partout les salaires à un niveau également bas. La concurrence
croissante des bourgeois entre eux et les crises
commerciales qui en résultent rendent le salaire
des ouvriers toujours plus incertain; le perfection-
nement incessant et toujours plus rapide rend
toute leur situation de plus en plus précaire. De
plus en plus, les conflits individuels entre ouvriers
et bourgeois prennent le caractère de conflits entre
deux classes. Les ouvriers commencent par former
des coalitions contre les bourgeois; ils se groupent
pour maintenir leur salaire. Ils vont jusqu'à fonder des associations durables pour se pourvoir en
cas de soulèvements éventuels. Par endroits, la lutte
éclate en émeutes.

De temps en temps, les ouvriers triomphent, mais
leur victoire n'est que passagère. Le résultat véritable de leurs luttes n'est pas le succès immédiat, mais
l'extension toujours plus large de l'union des ouvriers. Elle est favorisée par la croissance des
moyens de communication, qui sont créés par la
grande industrie et qui mettent en contact les ouvriers de différentes localités. Mais ce contact à lui

seul suffit à centraliser les nombreuses luttes locales ayant partout le même caractère en une lutte nationale, en une lutte de classes. Mais toute lutte de classes est une lutte politique. Et l'union qui a nécessité des siècles aux bourgeois du Moyen Age avec leurs chemins vicinaux, les prolétaires modernes la réalisent en quelques années avec le chemin de fer.

Cette organisation des prolétaires en classe, et par là en parti politique, la concurrence entre les ouvriers eux-mêmes la fait sauter à chaque instant. Mais elle renaît toujours plus forte, toujours plus solide, toujours plus puissante. Elle utilise les divisions internes de la bourgeoisie pour la forcer à reconnaître sous forme de lois certains intérêts particuliers des ouvriers. Par exemple le *bill* des dix heures en Angleterre.

Les conflits de la vieille société en général favorisent de plusieurs manières le développement du prolétariat. La bourgeoisie se trouve engagée dans une lutte permanente : au début, contre l'aristocratie; puis, contre la partie de la bourgeoisie même dont les intérêts étaient en contradiction avec le progrès de l'industrie; en permanence, contre la bourgeoisie de tous les pays étrangers. Dans toutes ces luttes elle se voit contrainte de faire appel au prolétariat, de demander son aide et de l'entraîner ainsi dans le mouvement politique. C'est donc elle qui fournit au prolétariat les éléments de sa propre formation, c'est-à-dire des armes contre elle-même.

De plus, comme nous venons de le voir, des pans entiers de la classe dirigeante vont, de par le progrès de l'industrie, sombrer dans le prolétariat, ou du moins être menacés dans leurs conditions de vie.

Eux aussi fournissent au prolétariat une masse d'éléments de formation.

Enfin, en des temps où la lutte de classes approche de son point critique, le processus de dissolution à l'intérieur de la classe dirigeante, à l'intérieur de toute la vieille société, prend un caractère si violent, si âpre qu'une petite partie de la classe dirigeante se désolidarise d'elle et rejoint la classe révolutionnaire, la classe qui tient l'avenir entre ses mains. Comme autrefois une partie de la noblesse est passée à la bourgeoisie, une partie de la bourgeoisie passe maintenant au prolétariat, et notamment cette partie des idéologues bourgeois qui sont parvenus à la compréhension théorique de l'ensemble du mouvement historique.

De toutes les classes qui aujourd'hui font face à la bourgeoisie, seul le prolétariat est une classe réellement révolutionnaire. Les autres classes périclitent et disparaissent avec la grande industrie, alors que le prolétariat en est le produit propre.

Les classes moyennes, le petit industriel, le petit commerçant, l'artisan, le paysan, tous combattent la bourgeoisie pour préserver de la disparition leur existence de classes moyennes. Elles ne sont donc pas révolutionnaires, mais conservatrices. Plus encore, elles sont réactionnaires car elles cherchent à faire tourner à l'envers la roue de l'histoire. Si elles sont révolutionnaires, elles le sont au regard de l'imminence de leur passage au prolétariat, elles défendent non pas leurs intérêts présents, mais leurs intérêts futurs, elles abandonnent leur propre point de vue pour prendre celui du prolétariat.

Le « Lumpenprolétariat[6] », cette putréfaction pas-

sive des couches les plus basses de la vieille société,
est entraîné par endroits dans le mouvement par la
révolution prolétarienne, mais toute sa situation le
prédispose à se laisser acheter pour des machina-
tions réactionnaires.

Les conditions de vie de la vieille société sont
déjà détruites dans les conditions de vie du prolétariat. Le prolétaire ne possède rien; ses rapports avec
sa femme et ses enfants n'ont plus rien de commun
avec les rapports familiaux bourgeois; le travail industriel moderne, la soumission moderne au capital,
en Angleterre comme en France, en Amérique
comme en Allemagne, l'ont dépouillé de tout caractère national. Les lois, la morale, la religion sont
pour lui autant de préjugés bourgeois derrière lesquels se cachent autant d'intérêts bourgeois.

Toutes les classes, qui ont précédemment conquis
la suprématie, se sont efforcées d'assurer leurs
conditions de vie acquises en soumettant la société
entière à leur propre mode d'appropriation. Les
prolétaires ne peuvent conquérir les forces sociales
de production qu'en abolissant leur propre mode
d'appropriation passé, et, par suite, tout mode d'appropriation du passé. Les prolétaires n'ont, en ce
qui les concerne, rien à protéger; ils ont à détruire
toutes les assurances privées, toutes les sécurités privées qui ont existé jusqu'à nos jours.

Tous les mouvements jusqu'à nos jours n'étaient
que des mouvements de minorités, ou dans l'intérêt
de minorités. Le mouvement prolétarien est le mouvement autonome de l'énorme majorité dans l'intérêt de l'énorme majorité. Le prolétariat, la couche
la plus basse de l'actuelle société, ne peut se lever,

se redresser, sans faire voler en éclats toute la super-structure de couches qui constituent la société officielle.

Bien qu'elle ne le soit pas dans son contenu, la forme de lutte du prolétariat contre la bourgeoisie est en premier lieu nationale. Le prolétariat de chaque pays doit évidemment en finir, avant tout, avec sa propre bourgeoisie.

En décrivant les phases les plus générales du développement du prolétariat, nous avons suivi la guerre civile plus ou moins cachée dans le sein de la société existante jusqu'à l'heure où elle éclate en une révolution ouverte, et où le prolétariat fonde sa domination par le renversement violent de la bourgeoisie.

Toute société jusqu'à nos jours reposait, comme nous l'avons vu, sur l'antagonisme entre classes opprimantes et classes opprimées. Mais, pour pouvoir opprimer une classe, il faut lui assurer des conditions au sein desquelles elle puisse au moins prolonger son existence soumise. Sous le régime du servage, le serf est parvenu au rang de membre de la commune, comme, sous le joug de l'absolutisme féodal, le petit-bourgeois est parvenu à la bourgeoisie. L'ouvrier moderne au contraire, au lieu de s'élever avec les progrès de l'industrie, descend toujours plus bas, au-dessous des conditions de sa propre classe. L'ouvrier se transforme en pauvre, et le paupérisme se développe encore plus vite que la population et la richesse. Et il ressort ainsi clairement que la bourgeoisie est incapable de rester plus longtemps la classe dominante de la société et de lui imposer comme loi et comme règle les conditions de vie de sa classe. Elle est incapable de dominer, car elle est incapable d'assurer à son esclave l'existence même dans son esclavage, parce qu'elle est contrainte de le laisser descendre à une situation où elle doit le nourrir au lieu de s'en faire nourrir. La société ne peut plus exister sous sa domination, c'est-à-dire que son existence n'est plus compatible avec la société.

La condition essentielle de l'existence et de la domination de la classe bourgeoise est l'accumulation de la richesse dans des mains privées, la formation et l'accroissement du capital; la condition du capital est le salariat. Le salariat repose exclusivement sur la concurrence des ouvriers entre eux. Le progrès de l'industrie dont la bourgeoisie est l'agent dépourvu de volonté et de résistance, substitue à l'isolement des ouvriers, dans la concurrence, leur union révolutionnaire dans l'association. Avec le développement de la grande industrie, la bourgeoisie voit se dérober sous ses pieds la base même sur laquelle elle produit et s'approprie les produits. Elle produit avant tout ses propres fossoyeurs. Sa chute et la victoire du prolétariat sont également inéluctables.

II

PROLÉTAIRES ET COMMUNISTES

Quel est le rapport des communistes avec les prolétaires en général?

Les communistes ne sont pas un parti particulier parmi les autres partis ouvriers.

Leurs intérêts ne sont pas distincts des intérêts du prolétariat tout entier.

Ils ne posent pas des principes particuliers, d'après lesquels ils voudraient modeler le mouvement prolétarien.

Les communistes ne se différencient des autres partis prolétariens que sur deux points : d'une part, dans les diverses luttes nationales des prolétaires, ils mettent en avant et font valoir les intérêts communs à l'ensemble du prolétariat et indépendants de la nationalité; d'autre part, aux divers stades de développement que traverse la lutte entre prolétariat et bourgeoisie, ils représentent constamment l'intérêt du mouvement général.

Pratiquement, les communistes sont donc la fraction la plus décidée, la plus mobilisatrice des partis ouvriers de tous les pays; théoriquement, ils ont, sur le reste de la masse du prolétariat, l'avantage d'une vision claire des conditions, de la marche et des résultats généraux du mouvement prolétarien.

L'objectif immédiat des communistes est le même que celui de tous les autres partis prolétariens : formation du prolétariat en classe, renversement de la domination bourgeoise, conquête du pouvoir politique par le prolétariat.

Les conceptions théoriques des communistes ne reposent nullement sur des idées, sur des principes, inventés ou découverts par tel ou tel réformateur du monde.

Elles ne sont que l'expression générale des rapports effectifs d'une lutte de classe qui existe, d'un mouvement historique qui s'opère sous nos yeux. L'abolition des rapports de propriété qui ont existé jusqu'ici n'est en rien le caractère distinctif du communisme.

Tous les rapports de propriété ont été soumis à un changement continuel de l'histoire, à sa transformation continuelle.

La Révolution française, par exemple, a aboli la propriété féodale au profit de la propriété bourgeoise.

Ce qui distingue le communisme n'est pas l'abolition de la propriété en général, mais l'abolition de la propriété bourgeoise.

Mais la propriété bourgeoise moderne est l'expression dernière et la plus achevée de la production et de l'appropriation des produits fondées sur les antagonismes de classe, sur l'exploitation des uns par les autres.

En ce sens, les communistes peuvent résumer leurs théories en cette seule expression : abolition de la propriété privée.

On nous a reproché, à nous communistes, de vouloir supprimer la propriété personnelle acquise par le travail individuel; la propriété qui constituerait le fondement de toute liberté, de toute activité et de toute indépendance personnelle.

La propriété, fruit du travail, de l'effort, du mérite personnel! Veut-on parler de la propriété du petit bourgeois, du petit paysan, qui a précédé la propriété bourgeoise? Nous n'avons pas besoin de l'abolir, le développement de l'industrie l'a abolie et l'abolit chaque jour.

Ou bien veut-on parler de la propriété privée bourgeoise moderne?

Mais est-ce que le travail salarié, le travail du prolétaire lui crée de la propriété? Nullement. Il crée le capital, c'est-à-dire la propriété qui exploite le travail salarié, qui ne peut s'accroître que sous la condition de produire du travail salarié supplémentaire et de l'exploiter à nouveau. La propriété, sous sa forme actuelle, se meut dans l'opposition entre capital et travail salarié. Examinons les deux termes de cette opposition.

Être capitaliste signifie occuper non seulement une position personnelle dans la production, mais aussi une position sociale. Le capital est un produit collectif, et il ne peut être mobilisé que par l'activité commune de nombreux membres, et en dernière instance que par l'activité de tous les membres de la société.

Le capital n'est donc pas une puissance personnelle, il est une puissance sociale.

Même si le capital est transformé en une propriété collective, appartenant à tous les membres de la société, ce n'est pas une propriété personnelle qui se transforme en propriété sociale. Ce n'est que le caractère social de la propriété qui se transforme. Il perd son caractère de classe.

Venons-en au travail salarié.

Le prix moyen du travail salarié est le salaire minimum, c'est-à-dire la somme des moyens d'existence qui sont nécessaires à conserver en vie l'ouvrier en tant qu'ouvrier. Ce que l'ouvrier salarié s'approprie par son activité est tout juste suffisant pour produire sa survie. Nous ne voulons en aucun cas abolir cette appropriation personnelle des produits du travail nécessaires à la reproduction de la vie immédiate, une appropriation qui ne laisse aucun bénéfice net qui permette un pouvoir sur le travail d'autrui. Nous voulons seulement abolir le caractère misérable de cette appropriation où l'ouvrier ne vit que pour accroître le capital et ne vit qu'autant que l'exigent les intérêts de la classe dominante.

Dans la société bourgeoise le travail vivant n'est qu'un moyen d'accroître le travail accumulé. Dans la société communiste le travail accumulé n'est qu'un moyen d'élargir, d'enrichir, de faire avancer l'existence des ouvriers.

Dans la société bourgeoise, le passé domine le présent, dans la société communiste, le présent domine le passé. Dans la société bourgeoise, le capital est indépendant et personnel, tandis que l'individu actif n'a ni indépendance ni personnalité.

Et c'est l'abolition de ces rapports que la bourgeoisie appelle l'abolition de la personnalité et de la liberté! Et elle a raison. Il s'agit effectivement de l'abolition de la personnalité, de l'indépendance et de la liberté bourgeoises.

Par liberté, on entend, au sein des rapports de production bourgeois actuels, la liberté du commerce, la liberté de l'achat et de la vente.

Mais si le trafic cesse, alors cesse aussi le libre trafic. Les belles formules sur la liberté du trafic, comme toutes les autres bravades de notre bourgeoisie sur la liberté, n'ont finalement de sens que pour le trafic entravé, que pour le bourgeois asservi du Moyen Âge, mais non pour l'abolition par les communistes du trafic, des rapports de production bourgeois et de la bourgeoisie elle-même.

Vous vous révoltez parce que nous voulons abolir la propriété privée. Mais dans votre société actuelle, la propriété privée est abolie pour les neuf dixièmes de ses membres; elle existe précisément parce que, pour les neuf dixièmes de ses membres, elle n'existe pas. Vous nous reprochez donc de vouloir abolir une propriété qui suppose comme condition nécessaire que l'énorme majorité de la société est dépourvue de propriété.

En un mot, vous nous reprochez de vouloir abolir votre propriété. Effectivement, c'est cela que nous voulons.

Dès l'instant où le travail ne peut plus être transformé en capital, en argent, en rente foncière, bref en une puissance sociale susceptible d'être monopolisée, c'est-à-dire dès l'instant où la propriété personnelle ne peut plus se convertir en propriété bourgeoise, dès cet instant vous expliquez que c'est la personne qui est abolie.

Vous avouez donc que, par personne, vous n'entendez rien d'autre que le bourgeois, le propriétaire bourgeois. Et effectivement cette personne-là doit être supprimée.

Le communisme ne retire pas à quiconque le pouvoir de s'approprier des produits sociaux, il ne retire que le pouvoir de s'assujettir, par cette appropriation, le travail d'autrui.

On a objecté qu'avec l'abolition de la propriété privée, toute activité cesserait et qu'une paresse générale s'installerait.

Dans ce cas, la société bourgeoise aurait depuis longtemps péri de paresse; car ceux qui y travaillent ne gagnent pas et ceux qui y gagnent ne travaillent pas. Toute cette objection se résout dans la tautologie qu'il n'y a plus de travail salarié dès qu'il n'y a plus de capital.

Tous les reproches qui sont dirigés contre le mode communiste d'appropriation et de production des produits matériels ont été étendus jusqu'à l'appropriation et la production des produits intellectuels. De même que pour le bourgeois la cessation de la propriété de classe est la cessation de la production même, la cessation de la culture de classe s'identifie pour lui avec la cessation de la culture en général.

La culture dont il déplore la perte est pour l'énorme majorité la transformation en machine.

Mais ne nous cherchez pas querelle en mesurant l'abolition de la propriété privée à vos idées bourgeoises de liberté, de culture, de droit, etc. Vos idées mêmes sont le produit de rapports bourgeois de production et de propriété, de même que votre droit n'est que la volonté de votre classe érigée en loi, une volonté dont le contenu est donné dans les conditions matérielles de la vie de votre classe.

La conception intéressée selon laquelle vous transformez en lois éternelles de la nature et de la raison vos rapports de production et de propriété, à partir de rapports historiques, dépassés dans le cours de la production, vous la partagez avec toutes les classes dominantes périmées. Ce que vous concevez pour la propriété antique, ce que vous concevez pour la propriété féodale, vous ne devez plus le concevoir pour la propriété bourgeoise.

Abolition de la famille! Même les plus radicaux s'indignent de ce dangereux dessein des communistes.

Sur quoi repose la famille actuelle, la famille bourgeoise? Sur le capital, sur le profit privé. Complètement développée, elle n'existe que pour la bourgeoisie; mais elle trouve son complément dans l'absence de famille, imposée aux prolétaires, et dans la prostitution publique.

La famille du bourgeois s'effondre évidemment avec l'effondrement de son complément, et les deux disparaissent avec la disparition du capital.

Nous reprochez-vous de vouloir abolir l'exploitation des enfants par les parents? Nous avouons ce crime.

Mais, dites-vous, nous supprimons les rapports les plus intimes en remplaçant l'éducation familiale par l'éducation de la société.

Mais votre éducation n'est-elle pas, elle aussi, déterminée par la société? Par les rapports sociaux dans lesquels vous la faites, par l'immixtion directe

ou non de la société par le biais de l'école, etc.?
Les communistes n'inventent pas l'action de la société sur l'éducation; ils en modifient seulement le
caractère, ils arrachent l'éducation à l'influence de la
classe dominante.

Les belles paroles des bourgeois sur la famille et
l'éducation, sur l'intimité des rapports entre parents
et enfants deviennent d'autant plus répugnantes que
la grande industrie déchire toujours plus les liens familiaux des prolétaires et transforme les enfants en
simples articles de commerce et en instruments de
travail.

Mais vous, communistes, vous voulez introduire la
communauté des femmes, crie en chœur toute la
bourgeoisie contre nous.

Le bourgeois voit en sa femme un simple instrument de production. Il entend dire que les instruments de production seront exploités collectivement,
et ne peut naturellement rien penser d'autre que les
femmes n'aient également pour lot d'être mises en
commun.

Il ne se doute pas qu'il s'agit précisément d'abolir
pour les femmes leur statut de simples instruments
de production.

D'ailleurs rien n'est plus ridicule que cette indi-
gnation hautement morale de nos bourgeois contre
cette communauté des femmes officiellement instau-
rée par le communisme. Les communistes n'ont pas
besoin d'introduire la communauté des femmes, elle
a presque toujours existé.

Nos bourgeois, non contents que femmes et filles
de prolétaires soient à leur disposition, pour ne rien
dire de la prostitution officielle, trouvent le plus

grand plaisir à séduire réciproquement leurs femmes légitimes.

Le mariage bourgeois est en réalité la communauté des femmes mariées. On pourrait tout au plus reprocher aux communistes de vouloir substituer, à une communauté des femmes hypocrite et cachée, une communauté officielle et franche. Il va d'ailleurs de soi qu'avec l'abolition des rapports de production actuels disparaît aussi la communauté des femmes qui en résulte, c'est-à-dire la prostitution officielle et non officielle.

Aux communistes, on a en outre reproché de vouloir abolir la patrie, la nationalité.

Les ouvriers n'ont pas de patrie. On ne peut pas leur prendre ce qu'ils n'ont pas. Du fait que le prolétariat doit d'abord conquérir à son profit la domination politique, s'ériger en classe nationale, se constituer lui-même en nation, il est encore lui-même national, mais nullement au sens bourgeois du mot.

Les démarcations nationales et les antagonismes entre les peuples disparaissent de plus en plus, rien qu'avec le développement de la bourgeoisie, la liberté du commerce, le marché mondial, l'uniformisation de la production industrielle et les conditions d'existence correspondantes.

La domination du prolétariat les fera disparaître encore plus. L'action unifiée, du moins dans les pays civilisés, est une des premières conditions de son émancipation.

A mesure qu'est abolie l'exploitation d'un individu par un autre, l'exploitation d'une nation par l'autre est également abolie.

Avec l'antagonisme des classes à l'intérieur d'une

nation, l'hostilité des nations entre elles tombe également.

Les accusations lancées contre le communisme, sur des considérations religieuses, philosophiques et idéologiques en général, ne méritent pas d'être discutées plus en détail.

Est-il besoin d'un examen plus profond pour comprendre qu'avec les rapports de vie qu'ont les hommes, avec leurs relations sociales, avec leur existence sociale, leurs représentations, leurs opinions et leurs idées, en un mot leur conscience, changent aussi?

Que prouve l'histoire des idées, sinon que la production de l'esprit se modifie avec la production matérielle? Les idées dominantes d'une époque n'ont toujours été que les idées de la classe dominante.

On parle d'idées qui révolutionnent une société tout entière; on exprime seulement par là le fait que, à l'intérieur de l'ancienne société, se sont formés les éléments d'une nouvelle société, que la dissolution des idées anciennes s'accompagne de la dissolution des anciens rapports d'existence.

Lorsque le monde antique a entamé son déclin, les religions antiques furent vaincues par la religion chrétienne. Lorsque les idées chrétiennes succombèrent au XVIIIᵉ siècle aux idées des Lumières, la société féodale livra un combat à mort avec la bourgeoisie alors révolutionnaire.

Les idées de liberté de conscience et de liberté religieuse ne faisaient qu'exprimer dans le domaine du savoir le règne de la libre concurrence.

« Mais, dira-t-on, des idées religieuses, morales,

philosophiques, politiques, juridiques, etc., se sont
d'ailleurs modifiées au cours du développement historique. La religion, la morale, la philosophie, la
politique, le droit se sont constamment maintenus
au sein de ce changement.

« Il y a de plus des vérités éternelles, comme la
liberté, la justice, etc., qui sont communes à toutes
les situations sociales. Mais le communisme abolit
les vérités éternelles, il abolit la religion, la morale,
au lieu de leur donner une nouvelle forme; il con-
tredit donc tous les développements historiques ad-
venus jusqu'alors. »

A quoi se réduit cette accusation? L'histoire de la
société tout entière jusqu'à nos jours se meut dans
des antagonismes de classe qui ont pris diverses formes aux diverses époques.

Mais quelle que soit la forme qu'ils ont toujours
prise, l'exploitation d'une partie de la société par
l'autre est un fait commun à tous les siècles passés.

Il n'y a donc rien d'étonnant à ce que la conscience sociale de tous les siècles, malgré toute multiplicité et toute diversité, se meuve dans certaines
formes communes, dans des formes de conscience,
qui ne se dissolvent complètement qu'avec la disparition totale de l'antagonisme de classe.

La révolution communiste est la rupture la plus
radicale avec les rapports traditionnels de la propriété; il n'y a rien d'étonnant à ce que le cours de
son développement la fasse rompre de la manière la
plus radicale avec les idées traditionnelles.

Mais laissons là les objections que la bourgeoisie
fait au communisme.

Nous avons vu plus haut que le premier pas de

la révolution ouvrière sera l'accession du prolétariat à la domination de classe, la lutte pour la démocratie.

Le prolétariat utilisera sa domination politique pour arracher peu à peu tout le capital à la bourgeoisie, pour centraliser tous les instruments de production entre les mains de l'État, c'est-à-dire du prolétariat organisé en classe dominante, et pour augmenter le plus rapidement possible la masse des forces de production.

Mais cela ne peut naturellement se produire au départ qu'au moyen d'intrusions despotiques dans le droit de propriété et les rapports de production bourgeois, donc par des mesures qui paraissent économiquement insuffisantes et insoutenables, mais qui se dépassent elles-mêmes au cours du mouvement, et sont indispensables comme moyen de bouleverser le mode de production tout entier.

Ces mesures seront bien sûr différentes en fonction des différents pays.

Pour les pays les plus développés néanmoins, les mesures suivantes peuvent être assez généralement applicables :

1. Expropriation de la propriété foncière et utilisation de la rente foncière pour les dépenses de l'État.

2. Impôt fortement progressif.

3. Abolition de l'héritage.

4. Confiscation de la propriété de tous les émigrés et rebelles.

5. Centralisation du crédit entre les mains de l'État au moyen d'une banque nationale à capital d'État et à monopole exclusif.

6. Centralisation de tous les moyens de transport entre les mains de l'État.

7. Multiplication des manufactures nationales, des instruments de production, défrichement et amélioration des terres selon un plan collectif.

8. Obligation du travail pour tous, organisation d'armées industrielles, particulièrement pour l'agriculture.

9. Combinaison du travail agricole et du travail industriel, mesures pour faire disparaître progressivement l'opposition entre ville et campagne.

10. Éducation publique et gratuite pour tous les enfants. Suppression du travail des enfants en usine sous sa forme actuelle. Combinaison de l'éducation avec la production matérielle, etc.

Les différences de classes une fois disparues au cours du développement, et toute la production concentrée entre les mains d'individus associés, les pouvoirs publics perdent leur caractère politique. Les pouvoirs publics, au sens propre, sont l'organisation du pouvoir d'une classe pour l'oppression d'une autre. Si le prolétariat, dans sa lutte contre la bourgeoisie, doit nécessairement s'unir en une classe, s'il se constitue en classe dominante à la suite d'une révolution, et s'il abolit par la violence, en tant que classe dominante, les anciens rapports de production, il abolit du même coup avec ces rapports de production les conditions d'existence de l'opposition de classe, et par là même les classes, et par suite sa propre domination de classe.

A la place de l'ancienne société bourgeoise avec ses classes et ses oppositions de classes surgit une association où le libre développement de chacun est la condition du libre développement de tous.

[Note manuscrite en haut de page :]

— L'aristocratie essaie
de se ratier le prolétariat
et critique la Bourgeoisie
ils disent que avec eux
le prolétariat n'existait
pas → ils oublient que
les Bourgois sont les
rejetons de leur ordre social

III

LITTÉRATURE SOCIALISTE ET COMMUNISTE

1. LE SOCIALISME RÉACTIONNAIRE

a. Le socialisme féodal.

Les aristocraties française et anglaise, de par leur position historique, étaient appelées à écrire des pamphlets contre la société bourgeoise moderne. Dans la révolution française de Juillet 1830, dans le mouvement réformateur anglais, elles avaient une fois de plus succombé devant le parvenu haïssable. Il ne pouvait plus être question d'une lutte politique sérieuse. Il ne restait plus que la lutte littéraire. Mais dans le domaine de la littérature lui aussi, la vieille phraséologie du temps de la Restauration était devenue impossible. Pour attirer la sympathie, l'aristocratie devait faire semblant de perdre de vue ses intérêts à elle, et ne formuler son acte d'accusation contre la bourgeoisie que dans l'intérêt de la classe ouvrière exploitée. Elle se ménagea donc la satisfaction de pouvoir se moquer en chansons de son nouveau maître et de lui murmurer à l'oreille des prophéties plus ou moins grosses de menaces.

C'est ainsi qu'est né le socialisme féodal, moitié complainte, moitié pamphlet, moitié écho du passé, moitié menace de l'avenir, touchant parfois la bourgeoisie au cœur par une condamnation amère, spirituellement mordante, mais continuellement ridicule par son incapacité complète à saisir la marche de l'histoire moderne.

Ils arboraient la besace de mendiant du prolétaire en guise de drapeau pour rassembler le peuple derrière eux. Mais toutes les fois que celui-ci se mettait à les suivre, il apercevait sur leur derrière les vieux blasons féodaux et il se dispersait avec de grands rires insolents.

Une partie des légitimistes français et la jeune Angleterre ont excellé dans ce spectacle.

Lorsque les féodaux démontrent que leur mode d'exploitation était autrement fait que l'exploitation bourgeoise, ils oublient simplement qu'ils exploitaient dans des conditions et des circonstances complètement différentes et désormais périmées. Lorsqu'ils donnent pour preuve que sous leur domination le prolétariat moderne n'existait pas, ils oublient simplement que précisément la bourgeoisie moderne est un rejeton nécessaire de leur ordre social.

D'ailleurs, ils masquent si peu le caractère réactionnaire de leur critique que leur accusation principale contre la bourgeoisie repose précisément là-dessus : que sous son régime se développe une classe qui va faire voler en éclats tout l'ancien ordre social.

Ils reprochent plus encore à la bourgeoisie d'avoir produit un prolétariat révolutionnaire, que d'avoir produit un prolétariat tout court.

C'est pourquoi dans leur pratique politique ils prennent part à toutes les mesures violentes contre la classe ouvrière, et dans la vie courante ils s'accommodent, malgré toute leur phraséologie pompeuse, de ramasser les pommes d'or tombées de l'arbre de l'industrie et de troquer la fidélité, l'amour et l'honneur contre le trafic de la laine, des betteraves et de l'alcool[7].

De même que le prêtre a toujours marché la main dans la main avec les féodaux, le socialisme clérical marche avec le socialisme féodal.

Rien n'est plus facile que de donner à l'ascétisme chrétien un vernis socialiste. Le christianisme ne s'est-il pas élevé lui aussi contre la propriété privée, contre le mariage, contre l'État? N'a-t-il pas prêché à leur place la charité et la mendicité, le célibat et la mortification de la chair, la vie monastique et l'Église? Le socialisme chrétien n'est que de l'eau bénite avec laquelle le prêtre consacre la rancune des aristocrates.

b. Le socialisme petit-bourgeois.

L'aristocratie n'est pas la seule classe que la bourgeoisie ait renversée, et dont les conditions de vie dans la société bourgeoise moderne se soient détériorées et décomposées. Les citoyens hors les murs du Moyen Âge et la petite paysannerie ont été les précurseurs de la bourgeoisie moderne. Dans les

pays où le commerce et l'industrie sont moins développés, cette classe continue à végéter à côté de la
bourgeoisie montante.

Dans les pays où la civilisation moderne s'est développée, s'est formée une nouvelle petite bourgeoisie qui oscille entre le prolétariat et la bourgeoisie,
qui ne cesse de se reformer en partie complémen-
taire de la société bourgeoise, mais dont les membres sont continuellement rejetés dans le prolétariat
par suite de la concurrence; ils voient même poin-
dre le moment où, avec le développement de la
grande industrie, ils disparaîtront totalement en tant
que partie autonome de la société moderne pour
être remplacés dans le commerce, la manufacture,
l'agriculture, par des contremaîtres et des commis.

Dans des pays comme la France, où la classe pay-
sanne constitue plus de la moitié de la population, il
était naturel que les écrivains qui soutenaient le prolé-
.tariat contre la bourgeoisie, mènent leurs critiques du
régime bourgeois sur les critères de la petite bourgeoisie et de la petite paysannerie et prennent le parti des
ouvriers d'un point de vue petit-bourgeois. C'est ainsi
que s'est formé le socialisme petit-bourgeois. Sis-
mondi est le chef de cette littérature, non seulement
pour la France, mais aussi pour l'Angleterre.

Ce socialisme a analysé avec la plus grande acuité
les contradictions des rapports de production. Il a
démasqué les embellissements hypocrites des économistes. Il a démontré de manière indiscutable les effets destructeurs du machinisme et de la division du
travail, la concentration des capitaux et la propriété
foncière, la surproduction, les crises, le déclin nécessaire des petits bourgeois et des petits paysans, la

misère du prolétariat, l'anarchie dans la production, la disproportion criante dans la distribution
des richesses, les guerres d'extermination industrielle
des nations entre elles, la dissolution des coutumes
anciennes, des anciens rapports familiaux, des nationalités anciennes.

Néanmoins, dans son contenu positif, ce socialisme veut soit restaurer les anciens moyens de production et de circulation du passé et, avec eux, les
anciens rapports de propriété et l'ancienne société,
soit enfermer de nouveau par la force les moyens de
production et de circulation modernes dans le cadre
des anciens rapports de propriété qu'ils ont fait sauter, qu'ils ne pouvaient que faire sauter. Dans les
deux cas, il est tout à la fois réactionnaire et utopique.

Le système corporatif dans les manufactures, et
l'économie patriarcale à la campagne, voilà son mot
ultime.

Dans son développement ultérieur, cette tendance s'est dissipée dans la lâcheté des lendemains
de soûlerie.

c. Le socialisme allemand, ou socialisme « vrai ».

La littérature socialiste et communiste française,
née sous l'oppression d'une bourgeoisie dominante,
et expression littéraire de la lutte contre cette domination, fut introduite en Allemagne précisément au
moment où la bourgeoisie commençait sa lutte contre l'absolutisme féodal.

Philosophes, demi-philosophes et beaux esprits allemands se jetèrent avidement sur cette littérature et oublièrent seulement que lorsque ces écrits étaient venus de France, les conditions de vie françaises n'avaient pas pour autant immigré en Allemagne. Au regard des conditions allemandes, la littérature française perdait toute signification immédiatement pratique, et prit un caractère purement littéraire. Elle devait forcément apparaître comme une spéculation oiseuse sur la vraie société, sur la réalisation de la nature humaine. Ainsi, pour les philosophes allemands du XVIIIe siècle, les revendications de la première révolution française n'avaient que le sens de revendications de la « raison pratique » en général, et les expressions de la volonté de la bourgeoisie française révolutionnaire signifiaient à leurs yeux les lois de la volonté pure, de la volonté comme elle doit être, de la volonté véritablement humaine.

Le travail exclusif des littérateurs allemands consista à mettre les nouvelles idées françaises en accord avec leur vieille conscience philosophique, ou plutôt à s'approprier les idées françaises en partant de leur point de vue philosophique.

Ils se les approprièrent de la même façon qu'on s'approprie en général une langue étrangère : par la traduction.

On sait comment les moines ont recouvert les manuscrits où se trouvaient consignées les œuvres classiques de l'Antiquité païenne d'histoires insipides sur les saints catholiques. Les littérateurs allemands procédèrent à l'inverse avec la littérature française profane. Ils écrivirent leurs absurdités philosophiques derrière l'original français. Par exemple, derrière la critique française des rapports d'argent, ils écrivirent : « aliénation de la nature humaine », et derrière la critique française de l'État bourgeois, ils écrivirent « abolition de la domination de l'Universel abstrait », etc.

Cette substitution de leur phraséologie philosophique au développement français, ils la baptisèrent : « philosophie de l'action », « vrai socialisme », « science allemande du socialisme », « justification philosophique du socialisme », etc.

Ainsi la littérature socialiste et communiste française fut formellement châtrée. Et comme elle cessait, entre les mains de l'Allemand, d'exprimer la lutte d'une classe contre l'autre, l'Allemand eut conscience d'avoir dépassé « l'étroitesse française », de représenter, au lieu de besoins vrais, le besoin de la vérité, au lieu des intérêts des prolétaires, les intérêts de la nature humaine, de l'homme en général, de l'homme qui n'appartient à aucune classe, qui en général n'appartient pas à la réalité, mais seulement au ciel brumeux de la fantasmatique philosophique.

Ce socialisme allemand, qui prenait avec tant de sérieux et de solennité ses maladroits exercices scolaires, et les claironnait avec tant de charlatanisme, perdit cependant peu à peu sa pédante innocence.

La lutte de la bourgeoisie allemande, notamment de la bourgeoisie prussienne, contre les féodaux et la monarchie absolue, en un mot, le mouvement libéral, devint plus sérieux.

L'occasion tant souhaitée s'offrait au « vrai » socialisme de dresser, face au mouvement politique, les revendications socialistes, de lancer les anathèmes traditionnels contre le libéralisme, contre l'État représentatif, contre la concurrence bourgeoise, la liberté bourgeoise de la presse, la juridiction bourgeoise, la liberté et l'égalité bourgeoises, et de prêcher aux masses populaires qu'elles n'avaient rien à gagner, mais plutôt *tout* à perdre à ce mouvement bourgeois. Le socialisme allemand oubliait au bon moment que la critique française, dont il était l'écho dénué d'esprit, présuppose la société bourgeoise moderne avec les conditions matérielles de vie correspondantes et la constitution politique adéquate, autant de présupposés qu'il s'agissait d'abord de conquérir en Allemagne.

Pour les gouvernements absolus allemands, avec leur suite de prêtres, de maîtres d'école, de hobereaux et de bureaucrates, il servait d'épouvantail rêvé contre la bourgeoisie dont les aspirations menaçaient.

Il était la sucrerie qui complétait l'amertume des coups de fouet et des balles de fusil, avec lesquelles ces mêmes gouvernements traitaient les insurrections des ouvriers allemands.

Si le « vrai » socialisme est devenu ainsi une arme aux mains des gouvernements contre la bourgeoisie allemande, il représentait aussi directement un intérêt réactionnaire, l'intérêt des petits bourgeois allemands. En Allemagne, la petite bourgeoisie, héritée du xvie siècle, et qui depuis cette époque ne cesse d'émerger sous diverses formes, constitue la véritable base sociale de l'ordre établi.

La maintenir, c'est maintenir l'ordre établi en Allemagne. La domination industrielle et politique de la bourgeoisie lui fait craindre le déclin assuré, d'une part en raison de la concentration du capital, d'autre part à cause de la montée d'un prolétariat révolutionnaire. Le « vrai » socialisme lui semblait faire d'une pierre deux coups. Il s'est propagé comme une épidémie.

Le vêtement, toile d'araignée tissée de spéculations, toutes brodées des belles fleurs de la rhétorique, imprégné de rosée sentimentale, chargé d'amour, ce vêtement d'une exubérance toute spirituelle, dans lequel les socialistes allemands drapent leurs « vérités éternelles » rares et décharnées, n'a fait qu'augmenter l'écoulement de leur marchandise auprès de ce public.

De son côté, le socialisme allemand reconnaissait de plus en plus sa vocation : grandiloquent représentant de cette petite bourgeoisie.

Il a proclamé que la nation allemande était la nation normale et le petit bourgeois allemand l'homme normal. Il a donné à chaque bassesse de celui-ci un sens caché, supérieur, socialiste, où elle signifiait le contraire de ce qu'elle était. Il a tiré la dernière conséquence en s'opposant directement à la tendance « brutalement destructive » du communisme, et en signalant qu'il surplombait avec impartialité toutes les luttes de classe. A de très rares exceptions près, tout ce qui circule en Allemagne d'écrits prétendument socialistes ou communistes, rentre dans le domaine de cette littérature sale et débilitante[8].

2. LE SOCIALISME CONSERVATEUR OU BOURGEOIS

Une partie de la bourgeoisie souhaite remédier aux *anomalies sociales* afin d'assurer le maintien de la société bourgeoise.

Appartiennent à ceux-là : des économistes, des philanthropes, des humanitaires, des améliorateurs de la situation des classes laborieuses, des dispenseurs de la charité, des protecteurs des animaux, des fondateurs de sociétés de tempérance, des réformateurs en chambre et en tout genre.

Citons pour exemple la *Philosophie de la misère* de Proudhon.

Les bourgeois socialistes veulent les conditions de vie de la société moderne sans les luttes et dangers qui en résultent forcément. Ils veulent la société actuelle après élimination des éléments de révolution et de dissolution. Ils veulent la bourgeoisie sans le prolétariat. La bourgeoisie se représente le monde où elle règne évidemment comme le meilleur. Le socialisme bourgeois élabore cette représentation consolante en demi-système ou système complet. Lorsqu'il invite le prolétariat à réaliser ses systèmes pour entrer dans la nouvelle Jérusalem, il exige au fond seulement qu'il s'en tienne à l'actuelle société, mais qu'il renonce aux représentations haineuses qu'il s'en fait.

Une seconde forme, moins systématique et plus pratique, de ce socialisme a cherché à dégoûter la classe ouvrière de tout mouvement révolutionnaire, en lui démontrant que ce qui pouvait lui être utile n'était pas tel ou tel changement politique, mais seulement un changement des conditions matérielles de vie, des conditions économiques. Mais, par ce changement des conditions matérielles de vie, ce socialisme n'entend nullement l'abolition des rapports bourgeois de production, laquelle n'est possible que par la voie révolutionnaire, mais des améliorations administratives qui s'accomplissent sur la base de ces rapports de production, ne changent donc rien au rapport du capital et du salariat, mais, dans le meilleur des cas, diminuent pour la bourgeoisie les frais de sa domination et simplifient son budget d'État.

Son expression adéquate, le socialisme bourgeois ne l'atteint que là où il devient une simple figure de rhétorique.

Liberté du commerce! dans l'intérêt de la classe laborieuse; tarifs protectionnistes! dans l'intérêt de la classe laborieuse; prison cellulaire! dans l'intérêt de la classe laborieuse : voilà le dernier mot du socialisme bourgeois, le seul qu'il pense sérieusement.

Le socialisme de la bourgeoisie consiste précisément à affirmer que les bourgeois sont des bourgeois — dans l'intérêt de la classe laborieuse.

3. LE SOCIALISME ET LE COMMUNISME CRITIQUES ET UTOPIQUES

Nous ne parlons pas ici de la littérature qui, dans toutes les grandes révolutions modernes, a exprimé les revendications du prolétariat (Écrits de Babeuf, etc.).

Les premières tentatives du prolétariat pour faire prévaloir directement son propre intérêt de classe en un temps d'effervescence générale, dans la période de renversement de la société féodale, ont nécessairement échoué en raison même de la forme embryonnaire du prolétariat comme de l'absence des conditions matérielles de son émancipation, qui ne sont précisément que le produit de l'époque bourgeoise. La littérature révolutionnaire qui a accompagné ces premiers mouvements du prolétariat est dans son contenu nécessairement réactionnaire. Elle enseigne un ascétisme général, et un égalitarisme grossier.

Les systèmes socialistes et communistes proprement dits, les systèmes de Saint-Simon, de Fourier, d'Owen, etc., émergent dans la première période embryonnaire de la lutte entre le prolétariat et la bourgeoisie que nous avons exposée plus haut (voir *Bourgeoisie et Prolétariat*).

Les inventeurs de ces systèmes voient, à vrai dire, l'opposition des classes ainsi que l'efficacité des éléments de dissolution dans la société dominante elle-même. Mais ils ne discernent du côté du prolétariat aucune spontanéité historique, aucun mouvement politique qui lui soit propre.

Comme le développement de l'antagonisme de classe va de pair avec celui de l'industrie, ils constatent tout aussi peu les conditions matérielles de l'émancipation du prolétariat et sont en quête d'une science sociale, de lois sociales, pour créer ces conditions.

L'activité sociale doit laisser place à leur activité

-inventive personnelle, les conditions historiques de l'émancipation aux conditions fantasmatiques, l'organisation progressive du prolétariat en classe à une organisation sociale tout spécialement élucubrée. L'histoire future du monde se résout pour eux dans la propagande et la mise en pratique de leurs plans de société.

Ils sont sans doute conscients que, dans leurs plans, ils représentent principalement l'intérêt de la classe laborieuse en tant que classe la plus souffrante. Le prolétariat n'existe pour eux que sous cet aspect de la classe la plus souffrante.

Mais la forme embryonnaire de la lutte de classe, ainsi que leur propre situation, les portent à se croire bien au-dessus de cet antagonisme de classe. Ils veulent améliorer la situation de tous les membres de la société, même des plus favorisés. Aussi ne cessent-ils de faire appel à l'ensemble de la société sans distinction, voire de préférence à la classe dominante. Il suffit en effet de comprendre leur système, pour y reconnaître le meilleur plan possible de la meilleure société possible.

C'est pourquoi ils rejettent toute action politique, notamment toute action révolutionnaire, ils veulent atteindre leur objectif par des voies pacifiques, et tentent de frayer le chemin au nouvel évangile social par de petites expériences, évidemment vouées à l'échec, par la puissance de l'exemple.

Cette description fantasmatique de la société future, à une époque où le prolétariat est encore parfaitement embryonnaire et par suite se fait encore lui-même une représentation fantasmatique de sa propre situation, naît de sa première aspiration instinctive à une transformation générale de la société.

Mais les écrits socialistes et communistes comportent aussi des éléments critiques. Ils attaquent tous les fondements de la société établie. C'est pourquoi ils ont livré un matériel d'une valeur extrême pour ouvrir l'esprit des ouvriers. Leurs propositions positives sur la société future, par exemple l'abolition de l'antagonisme ville/campagne, de la famille, du profit privé, du salariat, l'annonce de l'harmonie sociale, la transformation de l'État en une simple administration de la production — toutes ces propositions ne font qu'exprimer la disparition de l'antagonisme de classe, lequel commence seulement à se développer, et qu'ils ne connaissent encore que dans ses premières formes imprécises et indéterminées. Ces propositions elles-mêmes n'ont donc encore qu'un sens purement utopique.

La portée du socialisme et du communisme critiques et utopiques est en proportion inverse du développement historique. Dans la mesure même où la lutte de classe se développe et prend forme, ce fantasme de surplomber la lutte elle-même, de la combattre, perd toute valeur pratique, toute justification théorique. Si donc les auteurs de ces systèmes furent révolutionnaires à bien des égards, leurs disciples constituent à chaque fois des sectes réactionnaires. Ils s'obstinent à maintenir les vieilles conceptions de leurs maîtres face à l'évolution historique du prolétariat. Ils cherchent donc, avec logique, à émousser de nouveau la lutte des classes et à concilier les antagonismes. Ils continuent à rêver d'une tentative de réalisation de leurs utopies sociales, création de phalanstères isolés, fondation de « home-colonies », établissement d'une petite Icarie[9] — édition in-douze de la nouvelle Jérusalem — et, pour édifier ces châteaux en Espagne, ils sont obligés de faire appel à la philanthropie des cœurs et des bourses des bourgeois. Progressivement, ils tombent dans la catégorie des socialistes réactionnaires ou conservateurs décrits plus haut, et ne s'en distinguent plus que par un pédantisme plus systématique, par la foi superstitieuse et fanatique dans les effets miraculeux de leur science sociale.

C'est pourquoi ils s'opposent avec acharnement à tout mouvement politique des ouvriers, qui n'a pu provenir que de leur aveugle manque de foi dans le nouvel Évangile.

Les owenistes en Angleterre, les fouriéristes en France, réagissent les uns contre les chartistes, les autres contre les réformistes.

POSITION DES COMMUNISTES
A L'ÉGARD DES DIFFÉRENTS PARTIS
D'OPPOSITION

Il suit de la Section II que les rapports des communistes à l'égard des partis ouvriers déjà constitués se comprend d'elle-même, par conséquent leurs rapports avec les chartistes anglais et les réformateurs agraires en Amérique du Nord.

Ils luttent pour atteindre les intérêts et les objectifs immédiats de la classe ouvrière, mais ils représentent en même temps, au sein du mouvement actuel, l'avenir du mouvement. En France, les communistes se rallient au parti social-démocrate[10] contre la bourgeoisie conservatrice et radicale, sans renoncer au droit de tenir une attitude critique à l'égard des grandes phrases et des illusions léguées par la tradition révolutionnaire.

En Suisse, ils soutiennent les radicaux, sans méconnaître que ce parti est fait d'éléments contradictoires, en partie de sociaux-démocrates au sens français, en partie de bourgeois radicaux.

Chez les Polonais, les communistes soutiennent le parti qui fait d'une révolution agraire la condition de la libération nationale. Ce même parti, qui a provoqué l'insurrection de Cracovie en 1846.

En Allemagne, dès que la bourgeoisie prend une attitude révolutionnaire, le parti communiste lutte aux côtés de la bourgeoisie contre la monarchie absolue, la propriété foncière féodale et la petite bourgeoisie.

Mais il ne néglige à aucun moment de faire naître chez les ouvriers une conscience aussi claire que possible de l'antagonisme déclaré de la bourgeoisie et du prolétariat, afin que les ouvriers allemands puissent retourner comme autant d'armes contre la bourgeoisie les conditions sociales et politiques que la bourgeoisie ne peut manquer d'introduire avec sa domination; afin qu'après la chute des classes réactionnaires en Allemagne s'engage aussitôt la lutte contre la bourgeoisie elle-même.

C'est vers l'Allemagne que les communistes tournent leur attention principale, parce que l'Allemagne est à la veille d'une révolution bourgeoise, qu'elle accomplit ce bouleversement à un moment où les conditions de la civilisation européenne en général sont plus avancées et le prolétariat bien plus développé qu'en Angleterre au XVIIe siècle et en France au XVIIIe siècle; la révolution bourgeoise allemande ne peut donc être que le prélude immédiat d'une révolution prolétarienne.

En un mot, les communistes soutiennent partout tout mouvement révolutionnaire contre les ordres sociaux et politiques établis.

Dans tous les mouvements, ils élèvent la question

de la propriété, quelle que soit la forme plus ou moins développée qu'elle ait pu prendre au rang de question fondamentale du mouvement.

Les communistes enfin travaillent partout à l'union et à l'entente des partis démocratiques de tous les pays.

Les communistes dédaignent de dissimuler leurs conceptions et leurs desseins. Ils expliquent ouvertement que leurs objectifs ne peuvent être atteints que par le renversement violent de tout ordre social passé. Que les classes dominantes tremblent devant une révolution communiste. Les prolétaires n'ont rien à y perdre que leurs chaînes. Ils ont un monde à gagner.

PROLÉTAIRES DE TOUS LES PAYS,
UNISSEZ-VOUS!

PRÉFACE A L'ÉDITION ALLEMANDE DE 1872

La Ligue des Communistes, association internationale des travailleurs, qui, dans la situation de l'époque, ne pouvait évidemment être que secrète, a chargé les soussignés, au Congrès de Londres en novembre 1847, de rédiger un programme détaillé du Parti, théorique et pratique, destiné à la publication. Telle est l'origine du « Manifeste » suivant, dont le manuscrit fut envoyé à l'impression à Londres quelques semaines avant la Révolution de Février.

Publié d'abord en allemand, il a été imprimé au moins dans douze éditions différentes en Allemagne, Angleterre et Amérique. En anglais, il parut d'abord à Londres en 1850 dans le *Red Republican* traduit par Miss Helen Macfarlane, et, en 1871, en Amérique dans au moins trois traductions différentes. En français, il a paru d'abord à Paris peu avant l'insurrection de Juin 1848, et récemment dans *Le Socialiste* de New York. Une nouvelle traduction est en préparation. En polonais à Londres, peu après sa première édition allemande. En russe à Genève dans les années soixante. En danois, il a été également traduit peu après sa parution.

Malgré les changements considérables de la situation pendant les vingt-cinq dernières années, les principes généraux développés dans ce « Mani-

feste » conservent *grosso modo* encore aujourd'hui
toute leur justesse. Il y aurait à faire ici et là quelques améliorations. L'application pratique de ces
principes, le « Manifeste » l'explique lui-même, dé-
pendra partout et toujours des circonstances historiquement données et c'est pourquoi on n'attache pas
une importance particulière aux mesures révolutionnaires proposées à la fin de la Section II. Ce passage
serait aujourd'hui, à bien des égards, différemment
conçu. Étant donné l'immense progrès réalisé par la
grande industrie dans les vingt-cinq dernières années
et les progrès allant de pair de l'organisation en
parti de la classe ouvrière, étant donné l'expérience
pratique de la Révolution de Février en premier
lieu, et encore plus de la Commune de Paris, où
pour la première fois le prolétariat eut en main
pendant deux mois le pouvoir politique, ce programme est aujourd'hui périmé sous certains aspects. Notamment la Commune a apporté la preuve
que « la classe ouvrière ne peut pas simplement
prendre possession telle quelle de la machine de
l'État ni la mettre en marche pour ses propres objectifs ». (Voir *La guerre civile en France, Adresse du
Conseil général de l'Association internationale des travailleurs* [...], où ceci est développé plus longuement.)
En outre, il va de soi que la critique de la littérature socialiste présente des lacunes pour notre époque, car elle ne va que jusqu'en 1847 ; il en est de
même pour les remarques sur la position des communistes à l'égard des différents partis d'opposition (Section IV) ; si dans leur ligne directrice elles restent encore aujourd'hui justes, elles sont pourtant périmées
dans leur mise en pratique du fait que la situation

politique s'est complètement modifiée et que l'évolution historique a fait disparaître de la terre la plupart des partis énumérés dans cette section.

Toutefois, le « Manifeste » est un document historique que nous ne nous accordons plus le droit de
modifier. Une édition ultérieure paraîtra peut-être
accompagnée d'une introduction qui couvrira la période qui va de 1847 à nos jours; l'édition actuelle
nous a pris trop au dépourvu pour nous en laisser
le temps.

Londres, le 24 juin 1872.

Karl Marx   Friedrich Engels.

PRÉFACE A L'ÉDITION ALLEMANDE DE 1890

[...] Le « Manifeste » a fait son propre chemin. Au
moment de sa parution, il fut salué avec enthousiasme par l'avant-garde encore peu nombreuse du
socialisme scientifique (comme le prouvent les traductions citées dans la première préface), il fut bientôt refoulé à l'arrière-plan par la réaction qui naquit avec la défaite des ouvriers parisiens en
juin 1848, et finalement il fut mis au ban « de par
la loi » par la condamnation des communistes de
Cologne en novembre 1852. Avec la disparition hors
de la scène publique du mouvement ouvrier datant
de la Révolution de Février, le « Manifeste » passa
aussi à l'arrière-plan.

Lorsque la classe ouvrière européenne se crut suffisamment renforcée pour entreprendre un nouvel assaut contre la puissance des classes dominantes, naquit l'Association internationale des travailleurs. Elle avait pour objectif de fondre en un *unique* corps d'armée d'importance l'ensemble de la classe ouvrière d'Europe et d'Amérique susceptible d'entrer dans la lutte. Elle ne pouvait donc pas *partir* des principes inscrits dans le « Manifeste ». Elle devait avoir un programme qui ne fermât pas la porte aux trade-unions anglais, aux proudhoniens français, belges, italiens et espagnols et aux lassalliens allemands. Ce programme — les considérations en introduction aux statuts de l'Internationale — fut esquissé par Marx avec une maîtrise reconnue même par Bakounine et les anarchistes. Pour la victoire finale des propositions énoncées dans le « Manifeste », Marx s'en remettait purement et simplement au développement intellectuel de la classe ouvrière tel qu'il devait nécessairement provenir de l'unité de l'action et de la discussion. Les événements et les vicissitudes de la lutte contre le capital, les défaites plus encore que les succès ne pouvaient manquer de rendre claire aux combattants l'insuffisance des panacées prônées jusqu'alors et de rendre leurs esprits aptes à comprendre à fond les vraies conditions de l'émancipation des travailleurs. Et Marx a eu raison. La classe ouvrière de 1874, lors de la dissolution de l'Internationale, était tout autre que celle de 1864, lors de sa fondation. Le proudhonisme dans les pays latins, le lassallisme spécifique en Allemagne étaient à l'agonie, et les très conservatrices trade-unions anglaises elles-mêmes approchaient progressivement du point où, en 1887, le président de leur congrès pouvait déclarer en leur nom à Swansea : « Le socialisme du continent a perdu pour nous son aspect terrifiant. » Mais le socialisme du continent, dès 1887, n'était déjà plus que la théorie proclamée dans le « Manifeste ». Et ainsi, l'histoire du « Manifeste » reflète jusqu'à un certain point l'histoire du mouvement ouvrier moderne depuis 1848. Il est aujourd'hui sans aucun doute le produit le plus largement répandu, le plus international, de l'ensemble de la littérature socialiste, le programme commun de plusieurs millions d'ouvriers de tous les pays, de la Sibérie à la Californie.

Et pourtant, lors de sa parution, nous n'aurions pas eu le droit de l'appeler Manifeste *socialiste*. Par socialistes, on entendait, en 1847, deux sortes de gens. D'une part, les adeptes des divers systèmes utopiques, spécialement les « owenistes », en Angleterre, et les « fouriéristes », en France, qui étaient déjà tous deux à l'époque réduits à l'état de simples sectes agonisantes. D'autre part, les charlatans sociaux de tous bords qui, avec leurs diverses panacées, et toutes sortes de rafistolages, voulaient faire disparaître les anomalies sociales sans faire aucun mal au capital et au profit. Dans les deux cas : des gens qui étaient en dehors du mouvement ouvrier et qui cherchaient plutôt l'appui des classes « cultivées ». En revanche, cette partie des ouvriers qui, convaincue de l'insuffisance de simples bouleversements politiques, exigeait une réorganisation globale de la société, cette partie se nommait alors *communiste*. Ce n'était qu'un communisme grossièrement élaboré, seulement instinctif, parfois un peu pri-

maire; mais il eut assez de force pour donner naissance à deux systèmes de communisme utopique :
en France, le communisme « icarien » de Cabet,
en Allemagne celui de Weitling. Socialisme signifiait,
en 1847, un mouvement bourgeois, communisme un
mouvement ouvrier. Le socialisme, tout au moins
sur le continent, pouvait figurer dans les salons, le
communisme était complètement à l'opposé. Et
comme, dès ce moment-là, nous étions très attachés
à l'idée que « l'émancipation des travailleurs doit
être l'œuvre de la classe ouvrière elle-même », nous
ne pouvions douter un instant du nom qu'il fallait
choisir parmi les deux. Aussi depuis lors il ne nous
est jamais venu à l'esprit de le répudier.

    « Prolétaires de tous les pays, unissez-vous! » Il
n'y eut que peu de voix pour nous répondre, lorsque nous avons crié ces mots dans le monde voilà
quarante-deux ans, à la veille de la première révolution parisienne, dans laquelle le prolétariat entra en
scène avec ses propres revendications. Mais le
28 septembre 1864, des prolétaires de la plupart des
pays de l'Europe de l'Ouest s'unirent pour former
l'*Association internationale des travailleurs* de glorieuse
mémoire. L'*Internationale* elle-même n'a vécu, il est
vrai, que neuf ans. Mais que l'alliance éternelle des
prolétaires de tous les pays qu'elle a créée soit encore vivante et d'une vie plus forte que jamais, il
n'y en a pas de meilleur témoignage que précisément le présent. Car aujourd'hui, au moment où
j'écris ces lignes, le prolétariat d'Europe et d'Amérique passe en revue ses forces combattantes mobilisées pour la première fois, mobilisées en une armée
unique, sous un drapeau *unique,* pour un *unique* objec-

tif immédiat : la normalisation de la journée de travail de huit heures, fixée légalement et proclamée, dès 1886, par le congrès de l'*Internationale* à Genève, et, à nouveau, en 1889, par le congrès ouvrier de Paris. Et le spectacle de ce jour ouvrira les yeux aux capitalistes et aux seigneurs de la terre de tous les pays sur le fait qu'aujourd'hui les prolétaires de tous les pays sont effectivement unis.

Que Marx n'est-il à mes côtés pour voir cela de ses propres yeux!

Londres, 1er mai 1890.

F. ENGELS

KARL MARX

CRITIQUE DU PROGRAMME DE GOTHA
(1875)

précédée
d'un Avant-Propos de Friedrich Engels à l'édition
de 1891
et
d'une lettre de Marx à Bracke (5 mai 1875)

AVANT-PROPOS
de
Friedrich Engels

LE manuscrit reproduit ici, — la lettre d'accompagnement adressée à Bracke, aussi bien que la critique du programme de Gotha —, fut envoyé à Bracke en 1875, peu avant le congrès d'unité de Gotha, pour être communiqué à Geib, Auer, Bebel et Liebknecht, et être retourné ensuite à Marx. Comme le congrès de Halle avait mis à l'ordre du jour du Parti la discussion du programme de Gotha, je croirais commettre un détournement si je soustrayais plus longtemps à la publication cet important document — peut-être le plus important — parmi ceux qui ont trait à cette discussion.

Mais le manuscrit a encore une autre signification, et d'une plus grande portée. Pour la première fois, la position de Marx en face de l'orientation prise par Lassalle depuis son entrée dans l'agitation, est exposée avec clarté et netteté, et à vrai dire aussi bien pour ce qui est des principes économiques, que pour la tactique de Lassalle.

La rigueur tranchante irréversible avec laquelle le projet de programme est désarticulé, l'inflexibilité avec laquelle les résultats obtenus sont exprimés, et les lacunes du projet mises à nu, tout cela ne peut plus atteindre personne aujourd'hui, au bout de quinze ans. Des lassalliens caractérisés, il n'en existe plus qu'à l'étranger, ruines isolées, et le programme de Gotha a été abandonné à Halle même par ses auteurs, comme parfaitement insuffisant.

Pourtant, j'ai retiré et remplacé par des points, là où cela revenait au même, quelques expressions et jugements qui avaient le caractère d'attaques personnelles. Marx le ferait lui-même s'il publiait aujourd'hui le manuscrit. La violence occasionnelle du style était due à deux circonstances : d'abord, nous étions, Marx et moi, liés au mouvement allemand plus intimement qu'à tout autre; la régression patente dont faisait preuve ce projet de programme ne pouvait que nous causer une émotion particulièrement forte. Mais, en second lieu, nous étions à ce moment-là, presque deux ans après le congrès de l'Internationale à La Haye, au plus dur du combat contre Bakounine et ses anarchistes, qui nous rendaient responsables de tout ce qui se passait en Allemagne dans le mouvement ouvrier; nous devions donc nous attendre à ce qu'on nous impute la paternité secrète de ce programme. Ces considérations n'ont plus aujourd'hui lieu d'être, et, avec elles, la raison d'être des passages en question.

En outre, en raison de la loi sur la presse, il y a quelques phrases qui ne sont indiquées que par des points. Là où je devais choisir une expression édulcorée, je l'ai mise entre crochets. Sinon, la reproduction est textuelle.

Londres, le 6 janvier 1891.

LETTRE DE MARX A WILHELM BRACKE

Londres, 5 mai 1875.

Mon cher Bracke,

Les commentaires critiques suivants, en marge du programme de coalition, soyez assez bon, après les avoir lus, de les porter à la connaissance de Geib et d'Auer, de Bebel et de Liebknecht. Je suis surchargé de travail, et dépasse de loin la limite de travail que les médecins m'ont prescrite. Ce n'était donc pour moi nullement un « plaisir », que d'écrire un texte aussi long. C'était pourtant nécessaire afin que mes démarches ultérieures ne soient pas mal interprétées par les amis du Parti auxquels cette communication est destinée.

(Après le congrès de coalition, nous publierons, Engels et moi, une brève déclaration qui expliquera que nous nous tenons très loin du programme de principe en question, et que nous n'avons rien à faire avec lui.)

Ceci est indispensable, puisqu'on répand à l'étranger l'opinion soigneusement entretenue par les ennemis du Parti — opinion parfaitement fausse — que nous dirigeons depuis ici, en secret, le mouvement du Parti dit d'Eisenach. Dans un écrit russe encore plus récemment paru, Bakounine, par exemple, me rend responsable [non seulement] de tous les programmes, etc., de ce Parti [mais même de toutes les démarches que Liebknecht a faites depuis le début de sa coopération avec le Parti populaire].

Exception faite de cela, il est de mon devoir de ne pas reconnaître, même par un silence diplomatique, un programme que mes convictions condamnent absolument et qui démoralise le Parti.

Tout pas en avant réellement fait est plus important qu'une douzaine de programmes. Si donc on ne pouvait pas — et les circonstances du moment ne le permettaient pas — *dépasser* le programme d'Eisenach, on devait simplement conclure un accord pour une action commune contre l'ennemi. Mais si on fabrique, au contraire, des programmes de principe (au lieu de repousser cela jusqu'à un moment où ces programmes auraient été préparés par une activité commune plus longue), on pose à la face du monde entier des jalons auxquels mesurer le niveau du mouvement du Parti.

Les chefs des lassalliens venaient à nous, contraints par la situation. Si on leur avait expliqué d'emblée qu'on n'accepterait aucun marchandage sur les principes, il leur aurait bien *fallu* se satisfaire d'un programme d'action ou d'un plan d'organisation en vue d'une action commune. Au lieu de cela, on leur permet de se présenter armés de mandats, et on reconnaît que ces mandats nous engagent pour notre part, et ainsi on se remet pieds et poings liés à des gens qui ont besoin de notre secours. Pour couronner le tout, ils tiennent un nouveau congrès *avant* le *congrès de compromis,* tandis que notre propre parti tient son congrès *post festum.* (On voulait visiblement escamoter toute critique et empêcher toute réflexion à l'intérieur de notre propre parti.) On sait que le seul fait de l'unité plaît aux ouvriers, mais on se trompe quand on croit que ce résultat immédiat ne serait pas payé trop cher.

D'ailleurs le programme ne vaut rien, même si l'on excepte la canonisation des articles de foi lassalliens.

(Je vous enverrai très bientôt la dernière livraison de la traduction française du *Capital*. La poursuite de l'impression a été longtemps suspendue à cause de l'interdiction du gouvernement français. Les choses seront terminées cette semaine ou au début de la semaine prochaine. Avez-vous reçu les six premières livraisons ? Écrivez-moi aussi, s'il vous plaît, l'*adresse* de Bernhard Becker à qui je dois également envoyer les dernières.)

La librairie du « *Volkstaat* » a des manières à elle. C'est ainsi que, par exemple, on ne m'a pas encore adressé à la minute présente un seul exemplaire de l'édition du *Procès des communistes de Cologne*.

Avec mes meilleures salutations.

Votre Karl Marx.

COMMENTAIRES EN MARGE DU PROGRAMME DU PARTI OUVRIER ALLEMAND

I

1. *Le travail est la source de toute richesse et de toute culture,* et comme *le travail utile n'est possible que dans la société et par la société, le produit du travail appartient intégralement, selon un droit égal, à tous les membres de la société.*

Première partie du paragraphe : « Le travail est la source de toute richesse et de toute culture. »

Le travail *n'est pas la source* de toute richesse. La *nature* est tout autant la source des valeurs d'usage (et c'est bien en cela que consiste la richesse matérielle!) que le travail, qui n'est lui-même que la manifestation d'une force naturelle, la force de travail humaine. Cette phrase-là se trouve dans tous les abc, et se justifie dans la mesure où l'on sous-entend que le travail est premier, avec tous les objets et moyens qui s'y rapportent. Mais un programme socialiste ne saurait permettre à cette phraséologie bourgeoise de passer sous silence les *conditions* qui, seules, lui donnent sens. Et ce n'est qu'autant que l'homme se conduit d'emblée en propriétaire vis-à-vis de la nature, source première de tous les moyens et objets du travail, ce n'est que pour autant qu'il la traite comme un objet lui appartenant, que son travail devient la source de valeurs d'usage, donc aussi de la richesse. Les bourgeois ont de fort bonnes raisons d'attribuer au travail une *surnaturelle puissance de création,* car du fait précisément que le travail dépend de la nature, il s'ensuit qu'un homme qui ne possède aucune autre propriété que sa force de travail doit être, dans toutes les sociétés et civilisations, l'esclave des autres hommes qui se sont rendus propriétaires des conditions matérielles du travail. Il ne peut travailler qu'avec leur permission, il ne peut donc vivre qu'avec leur permission.

Laissons maintenant la phrase telle qu'elle est, ou plutôt, telle qu'elle boite. Quelle conclusion devrait-on en attendre? Évidemment celle-ci :

« Puisque le travail est la source de toute richesse, nul dans la société ne peut s'approprier de richesse qui ne soit un produit du travail. Si donc quelqu'un ne travaille pas lui-même, il vit du travail d'autrui, et sa culture elle-même, il se l'approprie aux frais du travail d'autrui. »

Au lieu de quoi une seconde phrase est ajoutée à la première au moyen de la cheville « et comme », pour tirer de la seconde, et non de la première, la conclusion.

Deuxième partie du paragraphe : « Le travail utile n'est possible que dans la société et par la société. »

D'après la première phrase, le travail était la

source de toute richesse et de toute culture, donc, également, pas de société possible sans travail. Et voilà que nous apprenons au contraire qu'aucun travail « utile » n'est possible sans société.

On aurait pu aussi bien dire que c'est seulement dans la société que le travail inutile et même socialement nuisible peut devenir un métier, que c'est seulement dans la société qu'on peut vivre de l'oisiveté, etc. — bref, on aurait pu recopier tout Rousseau.

Et qu'est-ce qu'un travail « utile »? Ce ne peut être que le travail qui produit l'effet utile recherché. Un sauvage — et l'homme est un sauvage dès qu'il a cessé d'être un singe — qui abat une bête avec une pierre, qui récolte des fruits, etc., accomplit un travail « utile ».

Troisièmement : la conclusion : « Et comme le travail utile n'est possible que dans la société et par la société, le produit du travail appartient intégralement, selon un droit égal, à tous les membres de la société. »

Belle conclusion! Si le travail utile n'est possible que dans la société et par la société, le produit du travail appartient à la société — et il ne revient au travailleur individuel rien de plus que ce qui n'est pas indispensable au maintien de la société, « condition » du travail.

En fait, cette proposition a de tout temps été prônée par les *champions de l'ordre social établi du moment.* En premier, viennent les prétentions du gouvernement, et tout ce qui va avec, puisqu'il est l'organe social qui maintient l'ordre social; viennent ensuite les prétentions des diverses sortes de propriété pri-

vée, car les diverses sortes de propriété privée sont
le fondement de la société, etc. On le voit, on peut
tourner et retourner ces phrases creuses comme on
veut.

Il n'y a un quelconque lien logique entre la première et la deuxième partie de ce paragraphe qu'en
adoptant la version suivante :

« Le travail n'est la source de la richesse et de la
culture que s'il s'agit d'un travail social », ou, ce
qui revient au même, « dans et par la société. »

Cette phrase est incontestablement exacte, car si le
travail isolé (en supposant réalisées ses conditions
matérielles) peut créer des valeurs d'usage, il ne
peut créer ni richesse, ni culture.

Mais non moins incontestable est cette autre
phrase :

« A mesure que le travail se développe dans la
société, et devient par suite source de richesse et de
culture, se développent pauvreté et abandon chez le
travailleur, richesse et culture chez le non-travail-
leur. »

Telle est la loi de toute l'histoire jusqu'à nos
jours. Au lieu de faire la phraséologie habituelle sur
« *le* travail » et « *la* société », il fallait démontrer ici
avec précision comment, dans la société capitaliste
d'aujourd'hui, ont finalement été créées les conditions matérielles, etc., qui rendent les travailleurs capables de briser cette malédiction sociale, les forcent
à le faire.

Mais, en fait, tout ce paragraphe, aussi manqué
dans son style que dans son contenu, n'est là que
pour inscrire la formule de Lassalle du « produit intégral du travail » en mot d'ordre tout en haut du

drapeau du parti. Je reviendrai plus tard sur le
« produit du travail », « le droit égal », etc., puisque la même chose revient sous une forme quelque
peu différente[1].

2. *Dans la société actuelle, les moyens du travail sont le
monopole de la classe des capitalistes ; la dépendance qui en
découle pour la classe ouvrière est la cause de la misère et
de la servitude sous toutes ses formes.*

Cette phrase, empruntée aux *Statuts de l'Internationale,* est dans cette version « améliorée », fausse[2].
Dans la société actuelle, les moyens du travail
sont le monopole des propriétaires fonciers (le monopole de la propriété foncière est même la base du
monopole du capital) *et* des capitalistes. Les statuts
de l'Internationale, dans le passage considéré, ne ci-
tent ni l'une ni l'autre classe de monopolistes. Elle
parle de « monopoles des moyens du travail, c'est-
à-dire des sources de la vie »; l'addition « sources
de la vie » montre suffisamment que la terre est
comprise dans les moyens du travail.
Cette amélioration a été introduite parce que Lassalle, pour des raisons aujourd'hui bien connues, at-
taquait *seulement* la classe des capitalistes, et non les
propriétaires fonciers. En Angleterre, le capitaliste
n'est même pas, le plus souvent, le propriétaire du
sol sur lequel son usine est construite.

3. *L'émancipation du travail exige l'élévation des
moyens du travail à la propriété collective de la société et*

*la réglementation collective du travail commun avec partage
équitable du produit du travail.*

« Élévation des moyens du travail à la propriété
collective! » cela doit sans doute signifier leur
« transformation en propriété collective », soit dit
en passant.

Qu'est-ce que le « produit du travail »? L'objet
produit par le travail, ou sa valeur? Et, dans ce dernier cas, la valeur totale de l'objet produit, ou seulement la fraction de valeur que le travail a rajoutée
à la valeur des moyens de production utilisés?

Le « produit du travail » est une idée vague que
Lassalle a substituée à des concepts économiques dé-
finis.

Qu'est-ce qu'un partage « équitable »?

Les bourgeois n'affirment-ils pas que le partage
actuel est « équitable »? Et n'est-il pas en effet le
seul partage « équitable » qui se fonde sur le mode
de production actuel? Les rapports économiques
sont-ils réglés par des concepts juridiques, ou
n'est-ce pas à l'inverse les rapports juridiques qui
naissent des rapports économiques? Les socialistes
sectaires n'ont-ils pas, eux aussi, les représentations
les plus diverses sur ce partage « équitable »?

Pour savoir ce qu'il y a à comprendre, en l'occur-
rence, par cette expression pompeuse « partage
équitable », nous devons comparer le premier paragraphe avec celui-ci. Ce dernier suppose une société
où « les moyens du travail sont propriété collective
et où le travail collectif est réglementé en commun », et, à partir du premier paragraphe, nous
voyons que « le produit du travail appartient inté-

gralement, selon un droit égal, à tous les membres de la société ».

« A tous les membres de la société? » Même à ceux qui ne travaillent pas? A qui revient alors le « produit intégral du travail »? Aux seuls membres de la société qui travaillent? A qui revient alors le « droit égal » de tous les membres de la société?

Mais « tous les membres de la société » et « le droit égal » ne sont que des grands mots. Le noyau en est : dans cette société communiste, chaque travailleur doit recevoir son « produit intégral du travail » selon Lassalle.

Si nous prenons d'abord le mot « produit du travail » dans le sens d'objet produit par le travail, alors le produit collectif du travail est la « totalité des objets produits par la société ».

De cela il faut retirer :

Premièrement : une provision pour le remplacement des moyens de production usagés;

Deuxièmement : une partie supplémentaire pour élargir la production;

Troisièmement : un fonds de réserve ou d'assurance contre les accidents, les perturbations dues à des phénomènes naturels, etc.

Ces retraits opérés sur le « produit intégral du travail » sont une nécessité économique, et leur importance est à déterminer en fonction des moyens et des forces présents, pour partie par le calcul des probabilités, mais, en tout cas, ils ne peuvent pas être calculés équitablement.

Reste l'autre partie du produit total, destinée à servir à la consommation.

Avant de procéder à son partage entre les individus, il y a encore à retrancher :

Premièrement : les frais généraux d'administration, qui n'appartiennent pas directement à la production.

Cette partie est d'emblée réduite à l'essentiel au regard de ce qui se passe dans la société actuelle, et elle diminue à mesure que se développe la société nouvelle.

Deuxièmement : ce qui est destiné à satisfaire les besoins de la collectivité, tels que : écoles, services de santé, etc.

Cette partie gagne d'emblée en importance, au regard de ce qui se passe dans la société actuelle, et elle augmente à mesure que se développe la société nouvelle.

Troisièmement : un fonds pour ceux qui sont incapables de travailler, etc., bref pour ce qui appartient à ce qu'on nomme aujourd'hui l'assistance publique officielle.

C'est seulement maintenant que nous arrivons au seul « partage » que le programme, sous l'influence de Lassalle, et d'une manière bornée, ait envisagé, soit à cette partie des objets de consommation qui est partagée entre les producteurs individuels de la collectivité.

Le « produit intégral du travail » s'est déjà transformé insensiblement en « produit partiel », bien que ce qui est retiré au producteur dans son individualité en qualité de personne privée, lui revienne, directement ou indirectement en sa qualité de membre de la société.

De même que le grand mot de « produit intégral du travail » a disparu, va maintenant disparaître le grand mot de « produit du travail » en général.

A l'intérieur de la société collective fondée sur la propriété commune des moyens de production, les producteurs n'échangent pas leurs produits; de même, le travail concrétisé dans ses produits n'apparaît pas davantage ici *comme valeur* de ces produits, comme une qualité matérielle possédée par eux, puisque maintenant, à l'encontre de ce qui se passe dans la société capitaliste, ce n'est plus par un détour, mais directement que les travaux individuels existent comme partie intégrante du travail commun. Le mot « produit du travail », déjà contestable aujourd'hui en raison de son ambiguïté, perd ainsi toute signification.

Ce à quoi nous avons affaire ici, c'est à une société communiste, non pas telle qu'elle s'est *développée* sur son propre fondement, mais au contraire telle qu'elle vient de *surgir* de la société capitaliste; elle porte donc, dans tous les rapports économique, moral, intellectuel, les marques héréditaires de l'ancienne société, du sein de laquelle elle est issue. Le producteur individuel reçoit dans cette mesure — toutes soustractions opérées — exactement ce qu'il donne à la société. Ce qu'il lui a donné, c'est son *quantum* individuel de travail. Par exemple la journée sociale de travail se compose de la somme des heures de travail individuel. Le temps de travail individuel de chaque producteur est la partie de la journée de travail social qu'il a fournie, la part qu'il lui a prise. Il reçoit de la société un bon, certifiant qu'il a fourni tant de travail (après avoir retranché son travail effectué pour les fonds collectifs) et, avec ce bon, il retire de la réserve sociale exactement au-

tant d'objets de consommation que coûte un travail
équivalent. Le même *quantum* de travail qu'il a
donné à la société sous une forme, elle le lui re-
tourne sous une autre forme.

Il règne évidemment ici le même principe que celui qui règle l'échange des marchandises, pour autant qu'il est échange de valeurs égales. Le contenu
et la forme sont transformés, parce que, dans des
circonstances différentes, personne ne peut donner
autre chose que son travail, et que, par ailleurs, rien
ne peut devenir propriété des individus, excepté des
objets de consommation individuels. Mais, en ce qui
concerne le partage de ces derniers entre les producteurs individuels, il règne le même principe que
dans l'échange de marchandises équivalentes : une
quantité de travail sous une forme est échangée contre
une même quantité de travail sous une autre forme.

Le *droit égal* est donc toujours ici — dans son
principe — le *droit bourgeois,* bien que principe et
pratique ne se prennent plus aux cheveux, tandis
que dans l'échange des marchandises, l'échange
d'équivalents n'existe qu'*en moyenne* et non dans chaque cas individuel.

Malgré ce progrès, ce *droit égal* reste toujours prisonnier d'une limitation bourgeoise. Le droit des
producteurs est *proportionnel* au travail qu'ils fournissent; l'égalité consiste ici en ce que le travail sert
d'*unité de mesure commune*. Mais un individu l'em-
porte physiquement ou intellectuellement sur un autre, il fournit donc dans le même temps plus de travail, ou peut travailler plus de temps; et le travail,
pour servir de mesure, doit être déterminé selon la
durée ou l'intensité, sinon il cesse d'être une unité

de mesure. Ce droit *égal* est un droit inégal pour un travail inégal. Il ne reconnaît aucune distinction de classe parce que tout homme n'est qu'un travailleur comme un autre; mais il reconnaît tacitement l'inégalité des dons individuels et, par suite, de la capacité de rendement des travailleurs, comme des privilèges naturels. *C'est donc un droit de l'inégalité, d'après son contenu, comme tout droit.* Le droit, par sa nature, ne peut consister que dans l'emploi d'une même unité de mesure; mais les individus inégaux (et ils ne seraient pas des individus distincts s'ils n'étaient pas inégaux) sont mesurables en fonction d'une même unité de mesure qu'autant qu'on les considère d'un même point de vue, qu'on ne les saisit que sous un aspect *déterminé;* par exemple, dans le cas présent, qu'on ne les regarde *que comme travailleurs* et rien de plus, et que l'on fait abstraction de tout le reste. De plus : un ouvrier est marié, l'autre non; l'un a plus d'enfants que l'autre, etc. A rendement égal, et donc à participation égale au fonds social de consommation, l'un reçoit donc effectivement plus que l'autre, l'un est plus riche que l'autre, etc. Pour éviter tous ces inconvénients, le droit devrait être non pas égal, mais plutôt inégal.

Mais ces inconvénients sont inévitables dans la première phase de la société communiste telle qu'elle vient de surgir de la société capitaliste après un long et douloureux accouchement. Le droit ne peut jamais être plus élevé que la structure économique de la société et que le développement culturel qui s'y rattache.

Dans une phase supérieure de la société communiste, quand auront disparu la subordination asservissante des individus à la division du travail et, par là, l'opposition entre le travail intellectuel et le travail manuel; quand le travail sera devenu, non seulement un moyen de vivre, mais encore sera devenu lui-même le premier besoin de la vie; quand, avec le développement diversifié des individus, leurs forces productives auront augmenté elles aussi, et que toutes les sources de la richesse collective jailliront avec force — alors seulement l'horizon étroit du droit bourgeois pourra être totalement dépassé, et la société pourra écrire sur son drapeau : De chacun selon ses moyens, à chacun selon ses besoins!

Je me suis étendu plus longuement sur le « produit intégral du travail », sur « le droit égal », « le partage équitable », afin de montrer quel crime on commet lorsque, d'une part, on veut imposer encore à notre parti, comme des dogmes, des conceptions qui avaient un sens à une certaine époque, mais sont devenues aujourd'hui une phraséologie périmée; mais, d'autre part, lorsqu'on détourne la conception réaliste inculquée à grand-peine au parti, mais profondément enracinée en lui, à l'aide des sornettes d'une idéologie juridique ou autre, si familières aux démocrates et socialistes français.

Abstraction faite de ce que je viens de développer, c'était de toute façon une faute grave de rendre si essentiel ledit *partage,* et de mettre l'accent principal sur lui.

A toutes les époques, le partage des objets de consommation n'est que le résultat du partage des conditions de production elles-mêmes; mais ce partage est un caractère du mode de production lui-même. Le mode de production capitaliste par exem-

ple repose sur ceci que les conditions matérielles de
la production sont attribuées aux non-travailleurs,
sous forme de propriété du capital et de propriété
foncière, tandis que la masse n'est propriétaire que
des conditions personnelles de la production : la
force de travail. Si les éléments de la production
sont répartis de la sorte, la répartition actuelle des
objets de consommation s'ensuit d'elle-même. Si les
conditions matérielles de la production sont la propriété collective des travailleurs eux-mêmes, une répartition des objets de consommation différente de
celle d'aujourd'hui s'ensuivra de la même manière.
Le socialisme vulgaire (et à la suite, à son tour, une
fraction de la démocratie) à la remorque des économistes bourgeois, considère et traite la distribution
comme quelque chose d'indépendant du mode de
production, et donne du socialisme une représentation axée sur la distribution. Quand les rapports
réels ont été élucidés depuis longtemps, pourquoi
revenir en arrière?

4. *L'émancipation du travail doit être l'œuvre de la
classe ouvrière, en face de laquelle toutes les autres classes
ne forment* qu'une masse réactionnaire.

La première strophe est issue du préambule des
statuts de l'Internationale, mais elle est « améliorée ». Le préambule dit que « l'émancipation de la
classe ouvrière doit être le fait des travailleurs eux-
mêmes »; tandis qu'ici c'est « la classe ouvrière »
qui doit émanciper — quoi? « le travail ». Com-
prenne qui pourra.

En compensation l'antistrophe est en revanche

une citation de Lassalle, du meilleur cru : « en face
de laquelle (de la classe ouvrière) toutes les autres
classes ne forment *qu'une masse réactionnaire* ».

Dans le *Manifeste communiste,* il est dit : « De toutes
les classes qui aujourd'hui font face à la bourgeoisie,
seul le prolétariat est une *classe réellement révolutionnaire.* Les autres classes périclitent et disparaissent
avec la grande industrie, alors que le prolétariat en est
le produit propre[3]. »

La bourgeoisie est ici conçue comme une classe révolutionnaire — comme véhicule de la grande industrie — face aux féodaux et aux couches moyennes qui
veulent maintenir toutes les positions sociales, qui
sont l'œuvre de modes de production périmés. Ces
classes ne forment donc pas *avec la bourgeoisie* qu'une
masse réactionnaire.

D'autre part, le prolétariat est révolutionnaire
vis-à-vis de la bourgeoisie par ce que, né lui-même
sur le sol de la grande industrie, il tend à dépouil-
ler la production de son caractère capitaliste que la
bourgeoisie cherche à rendre éternel. Mais le *Manifeste* ajoute que les « classes moyennes... (deviennent)
révolutionnaires... au regard de l'imminence de leur
passage au prolétariat[4] ».

De ce point de vue, c'est donc de nouveau une
nouvelle absurdité de dire que les classes moyennes
« ne forment qu'une masse réctionnaire avec la
bourgeoisie » et de plus avec les féodaux, face à la
classe ouvrière.

Lors des dernières élections, a-t-on crié aux artisans, aux petits industriels, etc., et aux *paysans* :
face à nous, vous ne formez, avec les bourgeois et
les féodaux, qu'une masse réactionnaire?

Lassalle savait par cœur le *Manifeste communiste,* de même que ses fidèles connaissent les saintes Écritures dont il est l'auteur. S'il le falsifiait aussi grossièrement, ce n'était que pour déguiser son alliance avec les adversaires absolutistes et féodaux contre la bourgeoisie.

Dans le paragraphe ci-dessus, sa sentence est d'ailleurs bien tirée par les cheveux, sans aucun rapport avec la citation défigurée des statuts de l'Internationale. Il s'agit donc ici d'une simple impertinence, qui ne déplairait certainement pas à Monsieur Bismarck, une de ces grossièretés à bon compte où excelle le Marat berlinois[5].

5. *La classe ouvrière travaille à son émancipation tout d'abord* dans le cadre de l'État national actuel, *consciente que le résultat nécessaire de son effort, commun aux ouvriers de tous les pays civilisés, sera la fraternité internationale des peuples.*

Contrairement au *Manifeste communiste* et à tout le socialisme antérieur, Lassalle avait conçu le mouvement ouvrier du point de vue strictement national. On le suit sur cette voie — et cela après l'action de l'Internationale!

Il va parfaitement de soi que, pour pouvoir effectivement lutter, la classe ouvrière doit s'organiser chez elle comme *classe,* et que son propre pays est le théâtre immédiat de sa lutte. C'est dans cette mesure que sa lutte de classe est nationale, non pas dans son contenu, mais, comme le dit le *Manifeste communiste,* « dans sa forme ». Mais le « cadre de l'État

national actuel », par exemple de l'Empire allemand, se situe à son tour, économiquement « dans
le cadre du marché mondial », politiquement
« dans le cadre du système des États ». Le premier
commerçant venu sait que le commerce allemand est
en même temps commerce extérieur, et la grandeur
de Monsieur Bismarck consiste précisément dans sa
manière de faire une *politique internationale*.

Et à quoi le Parti ouvrier allemand réduit-il son internationalisme ? A la conscience que le résultat de
son effort « sera la *fraternité internationale des peuples* »
— grand mot emprunté à la Ligue bourgeoise pour la
Liberté et la Paix[6], qui prétendrait passer pour un
équivalent de la fraternité internationale des classes
ouvrières dans leur lutte commune contre les classes
dominantes et leurs gouvernements. Des *fonctions internationales* de la classe ouvrière allemande, il n'y a donc
pas un mot ! Et c'est ainsi qu'elle doit doubler la mise
de sa propre bourgeoisie, qui s'oppose à elle en fra-
ternisant avec les bourgeois de tous les autres pays, et
de celle de la politique de conspiration internationale
de Monsieur Bismarck.

En fait, la profession de foi internationaliste du
programme est *encore infiniment au-dessus* de celle du
parti libre-échangiste. Lui aussi prétend que le résultat de son effort est « la fraternité internationale des
peuples ». Mais il *fait* aussi quelque chose pour in-
ternationaliser le commerce, et ne se contente absolument pas d'être conscient... que tous les peuples
font du commerce chez eux.

L'activité internationale des classes ouvrières ne
dépend en aucune façon de l'existence de l'*Association internationale des travailleurs*. Celle-ci n'a été

qu'une première tentative de créer un organe central pour cette activité; tentative qui, par l'impulsion qu'elle a donnée, a eu un résultat durable, mais qui, sous *sa première forme historique,* ne pouvait être poursuivie longtemps après la chute de la Commune de Paris.

La *Norddeutsche*[7] de Bismarck avait parfaitement raison quand elle annonçait, à la satisfaction de son maître, que le Parti ouvrier allemand a abjuré l'internationalisme dans son nouveau programme.

II

*Partant de ces principes, le Parti ouvrier allemand s'efforce, par tous les moyens légaux, de fonder l'*État libre *— et — la société socialiste; d'abolir le système salarié avec la* loi d'airain *des salaires — et — l'exploitation, sous toutes ses formes; d'éliminer toute inégalité sociale ou politique.*

Je reviendrai plus tard sur l'État « libre ».

Ainsi, à l'avenir, le Parti ouvrier allemand devra croire à la « loi d'airain[8] des salaires » de Lassalle! Pour qu'elle ne soit pas perdue, on commet l'absurdité de parler de « l'abolition du système salarié » (il faudrait dire : système du travail salarié) « *avec* la loi d'airain des salaires ». Si j'abolis le travail salarié, j'abolis naturellement ses lois, qu'elles soient en « airain » ou en éponge. Mais la lutte de Lassalle contre le travail salarié est axée presque exclusivement sur cette soi-disant loi. Pour bien montrer, par conséquent, que la secte de Lassalle a remporté la victoire, il faut que le « système des salaires » soit aboli « *avec* la loi d'airain des salaires », et non pas sans elle.

De la « loi d'airain des salaires », rien, comme on le sait, n'appartient à Lassalle, si ce n'est le mot « d'airain », emprunté aux « grandes et éternelles lois d'airain » de Gœthe. Le mot *d'airain* est une signature à laquelle se reconnaissent les croyants orthodoxes. Mais si j'admets cette loi avec le tampon de Lassalle, et, par conséquent, dans son esprit, il faut aussi que j'en admette le fondement. Et quel est-il ? Comme Lange le montrait peu après la mort de Lassalle : c'est la théorie malthusienne de la population (prêchée par Lange lui-même). Mais si cette théorie est exacte, je *ne* puis *pas* abolir la loi, même si j'abolis cent fois le travail salarié, parce que alors la loi ne régit pas seulement le système du travail salarié, mais *tout* système social. C'est précisément en se fondant là-dessus que les économistes ont démontré, depuis cinquante ans et plus, que le socialisme ne peut pas abolir la misère qui est *fondée dans la nature,* mais qu'il ne peut que la *généraliser,* la répartir simultanément sur toute la surface de la société !

Mais tout cela n'est pas le principal. *Abstraction totalement faite* de la *fausse* version que Lassalle donne de cette loi, la régression vraiment révoltante consiste en ceci :

Depuis la mort de Lassalle, la conception scientifique s'est frayée un chemin dans *notre* parti, selon laquelle le *salaire du travail* n'est pas ce qu'il *paraît* être, à savoir la *valeur* ou le *prix* du *travail,* mais seulement une forme masquée de la *valeur* ou du *prix de la force de travail.* Ainsi, toute la conception bourgeoise jusqu'à nos jours du salaire, en même temps que toute la critique dirigée jusqu'ici contre elle, a été une fois pour toutes mise au rebut; il était clair que l'ouvrier salarié n'a l'autorisation de travailler que pour assurer sa propre vie, c'est-à-dire *de vivre* qu'autant qu'il travaille gratuitement un temps déterminé pour le capitaliste (et donc aussi pour ceux qui se partagent avec lui la plus-value); que tout le système de la production capitaliste vise à prolonger ce travail gratuit par l'extension de la journée de travail et par le développement de la productivité, c'est-à-dire par une plus grande tension de la force de travail, etc.; que le système du travail salarié est donc un système d'esclavage, et, à vrai dire, un esclavage d'autant plus dur, que se développent les forces productives sociales du travail, quel que soit le salaire, meilleur ou pire, que reçoit l'ouvrier. Et maintenant que cette conception se fraie un chemin dans notre parti, on en revient aux dogmes de Lassalle, alors qu'on devrait savoir que Lassalle *ne savait pas* ce qu'est le salaire, et qu'à la remorque des économistes bourgeois, il prenait l'apparence de la chose pour son essence.

C'est comme si, parmi des esclaves révoltés qui auraient enfin percé le secret de l'esclavage, un esclave prisonnier de conceptions périmées inscrivait au programme de la révolte : l'esclavage doit être aboli parce que dans le système de l'esclavage l'entretien des esclaves ne peut coûter plus qu'un maximum relativement faible!

Le seul fait que les représentants de notre parti aient été capables de commettre un attentat aussi monstrueux contre la conception répandue dans la masse du Parti, ne montre-t-il pas à lui seul quelle légèreté [criminelle], [quelle mauvaise foi] ils ont apporté à la rédaction du programme de compromis!

Au lieu de la vague et pompeuse conclusion de ce paragraphe : « éliminer toute inégalité sociale et politique », il fallait dire qu'avec la suppression des différences de classes disparaît d'elle-même toute l'inégalité sociale et politique qui en découle.

III

Le Parti ouvrier allemand réclame pour préparer les voies à la solution de la question sociale, *l'établissement de collectifs de production, avec l'*aide de l'État, sous le contrôle démocratique du peuple laborieux. *Les collectifs de production* doivent être créés *dans l'industrie et dans l'agriculture avec une ampleur telle* que l'organisation socialiste du travail commun en résulte.

Après la « loi d'airain du salaire » de Lassalle, voilà la panacée du prophète! La voie est dignement « préparée »! A la place de la lutte des classes existante, on a mis une pompeuse expression journalistique : « La *question* sociale », à la « *solution* » de laquelle on « prépare les voies »! Au lieu de découler du processus de transformation révolution-

naire de la société, l'« organisation socialiste du travail en commun » « résulte » de « l'aide de
l'État », aide que l'État fournit aux collectifs de production que *lui-même,* et non le travailleur, « crée ».
C'est bien digne de l'imagination de Lassalle, de
penser qu'on peut construire une société nouvelle
aussi facilement qu'un nouveau chemin de fer!

Par [un reste de] pudeur, on place « l'aide de
l'État »... « sous le contrôle démocratique du peuple laborieux ».

Tout d'abord « le peuple laborieux », en Allemagne, se compose en majorité de paysans et non de
prolétaires.

Ensuite *démokratisch* (démocratique) est mis pour
l'allemand *volksherrschaftlich* (du peuple souverain).
Mais que signifie le « contrôle populaire et souverain *(volksherrschaftliche Kontrolle)* du peuple laborieux »? Et cela, plus précisément pour un peuple
de travailleurs qui, par les revendications qu'il
adresse à l'État, manifeste sa pleine conscience qu'il
n'est ni au pouvoir, ni mûr pour le pouvoir!

Il est superflu de faire ici la critique de la recette
que prescrivait Buchez sous Louis-Philippe, *en opposition* avec les socialistes français, et que les ouvriers
réactionnaires de l'« Atelier⁹ » reprirent. Aussi, le
plus scandaleux n'est-il pas que l'on ait inscrit au
programme cette cure spécifiquement miraculeuse,
mais qu'en fin de compte l'on régresse du point de
vue du mouvement de classe à celui du mouvement
de secte.

Dire que les travailleurs veulent établir les conditions de la production collective à l'échelle sociale et
tout d'abord chez eux à l'échelle nationale, cela si-

gnifie seulement qu'ils travaillent au renversement des conditions actuelles de la production; et cela n'a rien à voir avec la fondation de sociétés coopératives avec l'aide de l'État. Mais en ce qui concerne les sociétés coopératives actuelles, elles n'ont de valeur qu'*autant* qu'elles sont des créations indépendantes, réalisées par les travailleurs et ne sont protégées ni par le gouvernement ni par le bourgeois.

IV

J'en arrive maintenant à la section démocratique.

A. *Libre fondement de l'État.*

Tout d'abord, d'après la partie II, le Parti ouvrier allemand s'efforce de construire l'« État libre ».

État libre — qu'est-ce que c'est?

Le but des travailleurs qui se sont libérés de la mentalité étroite de sujets soumis, n'est en aucun cas de rendre l'État « libre ». Dans l'Empire allemand, l'« État » est presque aussi « libre » qu'en Russie. La liberté consiste à transformer l'État, organe subordonnant la société, en un organe entièrement subordonné à elle, et même aujourd'hui les formes de l'État sont plus ou moins libres, selon qu'elles limitent la « liberté de l'État ».

Le Parti ouvrier allemand — du moins s'il fait sien ce programme — montre que les idées socialistes ne l'effleurent même pas; au lieu de traiter la société existante (et cela vaut pour toute société future) comme le *fondement* de l'État présent (ou futur pour la société future), on traite plutôt l'État comme un être indépendant qui possède ses propres « *fondements intellectuels, moraux et libres* ».

Et maintenant quel abus désolant le programme fait-il des mots « État actuel », « société actuelle », et quelle confusion encore plus désolante crée-t-il sur l'État auquel s'adressent ses revendications!

La « société actuelle » est la société capitaliste qui existe dans tous les pays civilisés, plus ou moins libérée des éléments du Moyen Age, plus ou moins modifiée par le développement historique propre à chaque pays, plus ou moins développée. Au contraire l'« État actuel » change avec la frontière de chaque pays. Il est différent dans l'Empire prusso-allemand et en Suisse, différent en Angleterre et aux États-Unis. « L'État actuel » est donc une fiction.

Pourtant les divers États des divers pays civilisés, malgré la multiplicité variée de leur forme, ont tous ceci en commun, qu'ils reposent sur le sol de la société bourgeoise moderne, plus ou moins développée au point de vue capitaliste. C'est pour cela qu'ils ont en commun certains caractères essentiels. En ce sens, on peut parler de « l'essence de l'État actuel », par opposition au futur, où la société bourgeoise, lieu de son enracinement présent, aura cessé d'exister.

Alors, la question se pose : quelle transformation subira l'essence de l'État dans une société communiste? En d'autres termes : quelles fonctions sociales y subsisteront, qui seront analogues aux fonctions actuelles de l'État? Cette question ne peut avoir qu'une réponse scientifique, et on ne fera pas avancer le problème d'un pouce en combinant de milliers de façons le mot *Peuple* avec le mot *État*.

Entre la société capitaliste et la société communiste, il y a la période de transformation révolutionnaire de l'une en l'autre. A cette période correspond aussi une période de transition politique où l'État ne saurait être rien d'autre que *la dictature révolutionnaire du prolétariat.*

Le présent programme n'a rien à voir ni avec cette dernière, ni avec l'essence future de l'État dans la société communiste.

Ses revendications politiques ne contiennent rien de plus que la vieille litanie démocratique connue de tout le monde : suffrage universel, législation directe, justice du peuple, milice populaire, etc. Elles sont simplement l'écho du Parti populaire bourgeois, de la Ligue pour la Paix et la Liberté. Ce ne sont rien de plus que des revendications déjà *réalisées,* pour autant qu'elles ne sont pas exagérées dans une représentation fantasmatique. Simplement, l'État où elles existent n'est nullement à l'intérieur des frontières de l'Empire allemand, mais en Suisse, aux États-Unis, etc. Cette sorte d'« État futur » est un *État actuel,* encore que ce soit en dehors « du cadre » de l'empire allemand qu'il existe.

Mais on a oublié une chose. Puisque le Parti ouvrier allemand déclare expressément se mouvoir au sein « de l'État national actuel », donc son propre État, l'Empire prusso-allemand, — sinon ses revendications seraient en majeure partie absurdes car on ne réclame que ce qu'on n'a pas encore —, le Parti ne devrait pas oublier l'essentiel, à savoir que toutes ces belles petites choses reposent sur la reconnaissance de ce qu'on appelle la souveraineté du peuple, et ne sont donc à leur place que dans une *République démocratique*.

Puisqu'on n'a pas le courage — et c'est avec sagesse, car les circonstances commandent la prudence — de réclamer la République démocratique, comme l'ont fait, sous Louis-Philippe et Louis-Napoléon, les programmes des travailleurs français, il n'en fallait pas pour autant s'esquiver, par un tour de passe-passe (aussi peu « honnête » que respectable), en réclamant des choses qui n'ont de sens que dans une République démocratique, à un État qui n'est rien d'autre qu'un despotisme militaire à charpente bureaucratique et protection policière, enjolivé de formes parlementaires avec un mélange d'éléments féodaux et, déjà, avec l'influence de la bourgeoisie; (et affirmer en outre à cet État que l'on prétend follement lui imposer un pareil programme « par des moyens légaux »).

La démocratie vulgaire elle-même, qui voit, pour la République démocratique, un paradis de mille ans, qui ne soupçonne pas que c'est précisément sous cette dernière forme étatique de la société bourgeoise que devra se livrer le combat suprême entre les classes, elle-même, elle est à des centaines de mètres au-dessus d'un démocratisme de la sorte, pris à l'intérieur des frontières de ce qui est autorisé par la police et interdit par la logique.

Que l'on entende, en fait, par « État » la machine gouvernementale, ou bien l'État en tant qu'il forme, par la division du travail, un organisme propre, distinct de la société, c'est déjà montré par ces mots : « Le Parti ouvrier allemand réclame comme *fondement économique de l'État* un impôt unique et progressif sur le revenu, etc. » Les impôts sont le fondement économique de la machine gouvernementale et de rien d'autre. Dans l'État futur, tel qu'il existe en Suisse, cette revendication est relativement satisfaite. L'impôt sur le revenu suppose les diverses sources de revenu des diverses classes sociales, par conséquent la société capitaliste. Il n'est donc pas surprenant que les *financial-reformers* de Liverpool — des bourgeois ayant à leur tête le frère de Gladstone — posent la même revendication que ce programme.

B. *Le Parti ouvrier allemand réclame comme fondement intellectuel et moral de l'État :*

1. Éducation *générale et,* identique pour tous du peuple *par l'État. École obligatoire pour tous. Instruction gratuite.*

Éducation du peuple, identique pour tous? Qu'est-ce qu'on entend par ces mots? Croit-on que dans la société actuelle (et on n'a affaire qu'à celle-ci) l'éducation puisse être *identique* pour toutes les classes? Ou bien réclame-t-on que les classes supérieures soient, elles aussi, réduites par la force à l'enseignement court — l'école primaire — seul compatible avec la situation économique non seulement des ouvriers salariés, mais encore des paysans?

« École obligatoire pour tous. Instruction gratuite. » La première existe, même en Allemagne, la seconde en Suisse et aux États-Unis pour les écoles primaires. Si dans certains États de ces derniers, des établissements d'enseignement « supérieur » sont également « gratuits », cela signifie en fait seulement que les recettes générales de l'impôt font les frais de l'éducation des classes supérieures. Soit dit en passant, il en va de même de cette « administration gratuite de la justice » réclamée à l'article 5. La justice criminelle est partout gratuite; la justice civile est centrée presque exclusivement sur les litiges de propriété et concerne donc presque uniquement les classes possédantes. Devraient-elles soutenir leurs procès aux frais du trésor public ?

Le paragraphe relatif aux écoles aurait dû au moins réclamer des écoles techniques (théoriques et pratiques) en liaison avec l'école primaire.

Il faut absolument rejeter une « éducation du peuple par l'État ». Déterminer par une loi générale les moyens des écoles primaires, la qualification du personnel enseignant, les branches d'enseignement, etc., et, comme cela se passe aux États-Unis, surveiller par l'intermédiaire d'inspecteurs publics l'exécution de ces prescriptions légales, c'est complètement différent que de faire de l'État l'éducateur du peuple ! Il faut plutôt refuser, au même titre, au gouvernement comme à l'Église, toute influence sur l'école. Surtout dans l'Empire prusso-allemand (et qu'on ne s'aide pas de ce faux-fuyant paresseux, de parler d'un « État futur »; nous en avons vu l'allure), c'est au contraire l'État qui a besoin d'une éducation brutale par le peuple.

D'ailleurs, malgré toutes ces résonances démocratiques, tout le programme est infesté de bout en bout par les croyances soumises de la secte de Lassalle, ou, ce qui n'est pas mieux, par la croyance au miracle de la démocratie, ou plutôt, c'est un compromis entre ces deux espèces de croyance au miracle, pareillement éloignées du socialisme.

« *Liberté de la science* », dit un paragraphe de la Constitution prussienne. Pourquoi, alors, l'évoquer ici ?

« *Liberté de conscience !* » Si on voulait, à l'époque du *Kulturkampf*[10] rendre au libéralisme ses vieux mots d'ordre, on ne pouvait le faire que sous cette forme : chacun doit pouvoir satisfaire ses besoins religieux et physiques sans que la police y fourre son nez. Mais le Parti ouvrier devait à cette occasion exprimer sa conviction que la « liberté de conscience » bourgeoise n'est rien d'autre que la tolérance de toutes les sortes possibles de *liberté de conscience religieuse,* et qu'il s'efforce plutôt d'émanciper la conscience des fantômes religieux. Mais on préfère ne pas dépasser le niveau « bourgeois ».

J'arrive maintenant à la fin, car l'appendice qui suit le programme n'en constitue pas une partie *caractéristique.* Aussi dois-je être très bref.

2. *Journée normale de travail.*

Le parti ouvrier ne s'est limité dans aucun pays à une revendication aussi imprécise, mais il a toujours constamment fixé la longueur de la journée de travail telle qu'il la tient pour normale dans des circonstances données.

3. *Limitation du travail des femmes et interdiction du travail des enfants.*

La normalisation de la journée de travail doit déjà impliquer la limitation du travail des femmes, pour autant qu'elle concerne la durée, les pauses, etc., de la journée de travail; sinon, elle ne peut signifier que l'exclusion du travail des femmes des métiers qui sont particulièrement contre-indiqués pour la santé physique des femmes et pour la morale du sexe féminin. Si c'est cela qu'on pensait, on aurait dû le dire.

« *Interdiction du travail des enfants!* » Il était absolument nécessaire de donner ici la limite d'âge.

Une *interdiction générale* du travail des enfants est incompatible avec l'existence de la grande industrie, et n'est donc qu'un vœu pieux et creux.

Son application — si elle était possible — serait réactionnaire, puisque, par une stricte réglementation selon les diverses classes d'âge et par d'autres mesures réglementaires de protection des enfants, la liaison précoce du travail productif et de l'instruction est un des moyens les plus puissants de transformation de la société actuelle.

4. Surveillance par l'État du travail dans les usines, les ateliers et à domicile.

Vis-à-vis de l'État prusso-allemand, il fallait assurément réclamer que les inspecteurs ne soient révocables que par les tribunaux; que tout ouvrier puisse les dénoncer aux tribunaux pour manquement à leurs devoirs; qu'ils soient membres obligatoirement du corps médical.

5. Réglementation du travail dans les prisons.

Revendication mesquine dans un programme ouvrier général. En tout cas, il fallait dire clairement qu'on ne voulait vraiment pas que les criminels de droit commun, par crainte de la concurrence, soient traités comme du bétail, ni leur retirer ce qui est précisément leur unique moyen de s'améliorer, le travail productif. C'était bien le moins qu'on dût attendre de socialistes.

6. *Une loi efficace sur la responsabilité.*

Il fallait dire ce qu'on entend par « efficace » pour une loi sur la responsabilité.

Remarquons en passant qu'à propos de la journée normale de travail on a négligé la partie de la législation des industries qui concerne les mesures r mentaires sur l'hygiène et les mesures de sécu contre les risques d'accident. La loi sur la respon bilité n'entre en application que lorsque ces pr criptions sont enfreintes.

(Bref, cet appendice se distingue aussi par sa r daction boiteuse.)

Dixi et salvavi animam meam[11].

NOTES

INTRODUCTION

P. XIII.

1. Pour tout ceci, voir *Documents constitutifs de la Ligue des communistes* 1847, présentés et rassemblés par Bert Andréas, traduction, notes et documentation de Jacques Grandjonc, édition bilingue, Aubier-Montaigne, collection « Connaissance de Marx », Paris, 1972.

P. XVIII.

2. *Op. cit.,* pp. 110-121.

P. XIX.

3. *Idem,* pp. 124-141.

P. XXII.

4. *Cf.* édition bilingue, trad. par M. Simon, préface de F. Châtelet, Aubier-Montaigne, collection « Connaissance de Marx », Paris, 1971.

5. *Op. cit.,* p. 51.

P. XXV.

6. *Grundrisse des Kritik der politischen Oekonomie (Rohentwurf),* cahiers publiés pour la première fois, à

Moscou, en 1939. Deux traductions françaises ont paru récemment, celle des éditions Anthropos, 2 vol., Paris, 1967-1968 sous le titre *Fondements de la critique de l'économie politique* et celle de J. Malaquais et de M. Rubel, N. R. F., « La Pléiade », Marx, *Œuvres, II,* Paris 1968, sous le titre *Principes d'une critique de l'économie politique* (*Ébauche*, 1857-1858).

P. XXXI.

7. *Cf.* la note précédente.

P. XXXII.

8. Lettre du 4 septembre 1864.

P. XXXIV.

9. Texte de l'édition française publiée par le Conseil général de l'A. I. T. à Londres (décembre 1871).

P. XXXVI.

10. *Cf.* lettre de Marx à Engels (nov. 1864) : « J'ai été obligé d'accepter, dans le préambule des *Statuts,* deux phrases où il est question de *devoir et de droit,* ainsi que de *vérité,* de *moralité* et de *justice;* mais je les ai placées de manière qu'elles ne fassent pas de dégâts. »

P. XL.

11. *Cf.* lettre de Marx à Engels du 20 juillet 1870.

12. *Cf.* lettre de Marx à Liebknecht du 6 avril 1871.

P. XLVII.

13. *Cf.* ci-dessous, p. 19.

Manifeste du parti communiste

P. 3

1. Jeu de mots qui fait allusion à la « Sainte-Alliance », conclue après l'effondrement du Premier Empire entre toutes les monarchies européennes pour prévenir tout nouveau mouvement révolutionnaire dans l'une quelconque d'entre elles. *(N. du T.)*

P. 5

2. Par bourgeoisie on entend la classe des capitalistes modernes propriétaires des moyens de la production sociale, et employeurs du travail salarié. Par prolétariat, on entend la classe des ouvriers salariés modernes qui, ne possédant aucun moyen de production qui leur soit propre, en sont réduits à vendre leur force pour pouvoir vivre. *(Note de Engels à l'édition anglaise de 1888.)*

3. C'est-à-dire, pour parler précisément, l'histoire transmise par les écrits. En 1847, la préhistoire de la société, l'organisation sociale qui a précédé toute histoire écrite, était quasi inconnue. Depuis, Haxthausen a découvert la propriété commune du sol en Russie, Maurer a démontré quel était le fondement social d'où sont historiquement issus tous les rameaux germaniques, et progressivement on a trouvé que des communes rurales, avec propriété collective de la terre, étaient la forme primitive de la société, des Indes jusqu'à l'Irlande. Finalement l'organisation interne de cette société communiste primitive a été mise à nu dans sa forme typique,

lorsque Morgan, couronnant le tout, découvrit la nature véritable de la *gens* et de son rapport avec la tribu. C'est avec la décomposition de ces communautés primitives que commence la scission de la société en classes particulières et finalement opposées. *(Note de Engels à l'édition anglaise de 1888 et allemande de 1890.)*

P. 6

4. *Pfahlbürger,* citoyen hors les murs : homme libre, mais qui ne bénéficiait pas du statut, garanti par une charte, de « bourgeois » des villes. *(N. du T.)*

P. 7

5. « Commune », c'est le nom que prirent en France les villes naissantes, même avant d'avoir conquis de leurs seigneurs féodaux et maîtres, l'administration locale autonome et des droits politiques, à titre de « tiers-état ». D'une manière générale, nous avons parlé ici de l'Angleterre comme pays représentatif pour le développement économique de la bourgeoisie, de la France pour son développement politique. *(Note de Engels à l'édition anglaise de 1888.)*

C'est ainsi que les citoyens des villes d'Italie et de France nommaient leur « communauté urbaine », après avoir acheté à leurs seigneurs féodaux les premiers droits à l'autonomie administrative et les *avoir obligés à les leur céder. (Note de Engels à l'édition allemande de 1890.)*

P. 19

6. Mot à mot : « prolétariat en haillons »; par cette expression, Marx et Engels désignent les couches exploitées que le développement brutal du ca-

pitalisme jette dans la misère : petits commerçants, tâcherons non qualifiés, petits paysans dépossédés, etc. *(N. du T.)*

P. 39

7. Ceci concerne principalement l'Allemagne, où l'aristocratie rurale et les hobereaux font cultiver une grande partie de leurs propriétés pour leur propre compte par un régisseur, et sont encore en outre de gros fabricants de sucre de betterave, et des distillateurs d'eau-de-vie de pommes de terre. L'aristocratie anglaise, plus riche, est encore au-dessus de ceux-là; mais elle aussi sait comment on peut compenser la baisse de la rente en prêtant son nom à des promoteurs de sociétés par action plus ou moins louches. *(Note de Engels à l'édition anglaise de 1888.)*

P. 45

8. La tempête révolutionnaire de 1848 a balayé toute cette tendance misérable et fait passer à ses représentants l'envie de continuer à faire dans le socialisme. Le représentant principal et le type classique de cette tendance est M. Karl Grün. *(Note de Engels à l'édition allemande de 1890.)*

P. 51

9. Le nom de phalanstère désignait les colonies socialistes dans le plan de Charles Fourier; Icarie était le nom donné par Cabet à son utopie, et par la suite à sa colonie communiste en Amérique. *(Note de Engels à l'édition anglaise de 1888.)*

« Home-colony » (« colonie métropolitaine »), c'est ainsi qu'Owen appelle ses sociétés communistes modèles. Phalanstère était le nom des palais sociaux

projetés par Fourier. Icarie était le nom du pays
imaginaire et utopique dont Cabet a décrit les insti-
tutions communistes. *(Note à l'édition allemande de
1890.)*

P. 53

10. Le parti qui était alors représenté au Par-
lement par Ledru-Rollin, en littérature par
Louis Blanc, et dans la presse quotidienne par *La
Réforme*. Le nom de social-démocratie signifiait chez
ses inventeurs une section du parti démocrate ou ré-
publicain plus ou moins teintée de socialisme. *(Note
de Engels à l'édition anglaise de 1888.)*

Le parti qui s'appelait à l'époque en France
social-démocrate était celui que représentaient
Ledru-Rollin sur le plan politique et Louis Blanc
sur le plan littéraire. Il était donc à cent lieues de
ressembler à la démocratie allemande d'aujourd'hui.
(Note de Engels à l'édition allemande de 1890.)

Commentaires au programme de Gotha

P. 77

1. Pour ce qui concerne la doctrine économique
et politique de Ferdinand Lassalle, sur le développement du parti lassallien et sur les discussions entre
celui-ci et le parti social-démocrate fondé, en 1869,
par Bebel et W. Liebknecht, cf. ci-dessus, l'*Introduction,* pp. XLIII-XLVIII.

2. Dans les pages qui suivent, Marx se réfère aux
Statuts de l'*Association internationale des travailleurs,* qu'il

a rédigés, avec Engels, et qui furent adoptés en 1864. C'est pourquoi nous avons reproduit, dans l'*Introduction*, pp. XXXIV-XXXIX, le texte intégral de ces *Statuts*.

P. 86

3. *Cf.* ci-dessus, p. 19.

4. *Idem.*

P. 87

5. *Cf. Introduction*, p. XLII-XLIII. Quant à l'hypothèse, émise par Marx, de relations politiques directes entre Lassalle et Bismarck, elle reste à vérifier. Il n'est pas sûr, aussi bien en ce qui concerne Lassalle qu'en ce qui regarde Bakounine, que la nécessité de maintenir une ligne politique difficile n'ait pas conduit Marx et Engels à porter des jugements hâtifs.

P. 88

6. Cette ligue a tenu son premier Congrès à Genève en 1867. Elle rassemble des libéraux et des progressistes de « tous horizons » et dénonce non seulement les antagonismes entre nations, mais encore l'importance que prennent, en Europe, les forces armées. Marx avait obtenu du Conseil de l'A. I. T. qu'interdiction soit faite à ses membres de participer à une semblable entreprise, dont la façade est moralisante et naïve et dont l'objectif, à ses yeux, est de laisser l'Europe sans défense, face à l'impérialisme russe.

P. 89

7. *La Norddeutsche allgemeine Zeitung,* publication où Bismarck et son parti expriment leurs opinions.

8. *Cf. Introduction*, p. XLVI.

P. 93

9. Publication qui, entre 1840 et 1850, prétendit,

sous. l'influence de Buchez, être « l'organe des intérêts moraux et matériels des ouvriers ». N'acceptant
même pas le point de vue du christianisme social, la
revue s'attachait à montrer comment il était possible
de moraliser le travail.

P. 100

10. Aux visées des catholiques, soucieux de maintenir leurs privilèges en matière d'éducation, Bismarck, sous le nom de *Kulturkampf,* soulignait la nécessité d'un contrôle étatique.

P. 102

11. « J'ai parlé et j'ai sauvé mon âme. » Cette citation montre qu'étant donné les circonstances politiques de préparation du Congrès de Gotha, Marx
ne croit guère à l'efficacité immédiate de ses critiques.

TABLE

MANIFESTE DU PARTI COMMUNISTE
(1848), de Karl Marx et Friedrich Engels

CRITIQUE DU PROGRAMME DE GOTHA,
COMMENTAIRES EN MARGE AU PRO-
GRAMME DU PARTI OUVRIER ALLE-
MAND (1875), de Karl Marx

Composition réalisée en ordinateur par INFORMATYPE SERVICE

IMPRIMÉ EN FRANCE PAR BRODARD ET TAUPIN
Usine de La Flèche (Sarthe).
LIBRAIRIE GÉNÉRALE FRANÇAISE - 6, rue Pierre-Sarrazin - 75006 Paris.
ISBN : 2 - 253 - 01491 - 5